L'AUTORE

Carlo Rastrelli nasce a Napoli nel 1959 da una famiglia di forti tradizioni politiche e militari. Il nonno Carlo è stato, con Aurelio Padovani, tra i fondatori del fascismo napoletano, Console Generale della Milizia, Commissario Prefettizio a L'Aquila durante la Repubblica Sociale Italiana e, nel secondo dopoguerra, vice sindaco della città di Napoli nella giunta Lauro. Il padre Antonio è stato a lungo consigliere provinciale, capogruppo del M.S.I. al Consiglio Comunale di Napoli, Senatore dal 1979 per quattro legislature, Deputato nel 1994, Sottosegretario di Stato al Ministero del Tesoro nel primo Governo Berlusconi e dal 1995 al 1999 Governatore della Regione Campania. Carlo Rastrelli si laurea con lode in Giurisprudenza e matura una lunga esperienza, quale Direttore delle Risorse Umane, in primari gruppi industriali chimici ed alimentare. Collezionista di militaria italiana, è considerato uno dei più autorevoli esperti sulla storia e sulle uniformi della Milizia. Ricercatore storico, da anni collabora con riviste specializzate nei campi della storia militare e dell'uniformologia. Con Mursia Editore di Milano ha pubblicato, nel 2010, "Carlo Scorza l'ultimo gerarca", la prima biografia dell'ultimo segretario del Partito Nazionale Fascista, e, nel 2016, "L'ultimo comandante delle camicie nere. Enzo Emilio Galbiati". Padre di due figli, Elisa ed Antonio, vive a Mantova.

NOTE EDITORIALI

Nessuna delle immagini e del testo pubblicati nel nostro libro può essere riprodotto in qualsiasi formato senza l'autorizzazione scritta espressa di soldiershop.com quando non indicato come contrassegnato con licenza Creative Commons 3.0 o 4.0. Soldiershop ha eseguito ogni ragionevole sforzo per individuare o contattare eventuali titolari dei diritti e applicare correttamente i termini e le condizioni per il contenuto. Nel caso in cui qualsiasi contenuto viola i tuoi diritti o i diritti di terzi, puoi contattarci a: info@soldiershop.com.

LICENSES COMMONS

This book may utilize part of material marked with license creative commons 3.0 or 4.0 (CC BY 4.0), (CC BY-ND 4.0), (CC BY-SA 4.0) or (CC0 1.0). We give appropriate attribution credit and indicate if change were made in the acknowledgements field. Our Museum books utilize only fonts licensed under the SIL Open Font License or other free use license.

M.V.S.N. La Storia e le uniformi dell'esercito in camicia nera - 2
Regolamenti ufficiali sulle uniformi 1923-1941
Di Carlo Rastrelli.
ISBN code: 978-88-93278270   Prima Edizione maggio 2022   Code.: **SWU-900-002**
Cover & Art Design: Luca S. Cristini
LUCA CRISTINI EDITORE- Via Orio 35-4 24050 Zanica (BG) ITALY.

M.V.S.N.
LA STORIA E LE UNIFORMI DELL'ESERCITO IN CAMICIA NERA
REGOLAMENTI UFFICIALI SULLE UNIFORMI 1923-1941

DI CARLO RASTRELLI

BOOKS TO COLLECT

A Piero Brun e Paolo Virgili,

amici di una vita.

▲ S.E. Galeazzo Ciano in uniforme da console generale della M.V.S.N.

PREFAZIONE

In oltre quarant'anni di ricerca, sono riuscito a raccogliere una messe notevole di libri, pubblicazioni e circolari sulla Milizia, la quasi totalità delle annate di Bollettini, Fogli d'Ordine, Annuali ed Annuari oltre, e soprattutto, a tutti i Regolamenti sull'Uniforme e alle Istruzioni sulla Divisa pubblicati dal Comando Generale della M.V.S.N. dal 1923 al 1941.

Relativamente ai Regolamenti sull'Uniforme, trattasi di documenti fondamentali per conoscere la storia e le uniformi della Milizia, sebbene a volte siano rimasti in parte inattuati, a volte non vi sia corrispondenza tra il testo e le immagini e spesso venissero modificati da circolari emesse dopo solo pochi giorni dalla loro pubblicazione. Si tratta di volumi rari, di difficile reperibilità anche sul mercato antiquario, e ricercati dai collezionisti e studiosi della Milizia.

Negli anni Ottanta del Novecento il caro e compianto amico Fausto Foroni ne mise in vendita alcuni sotto forma di fotocopie in bianco e nero raccolte in fascicoletti.

Originariamente, la mia idea era quella di raccogliere i cinque Regolamenti in allegato al volume principale sulla storia e le uniformi della Milizia.

Viceversa, su proposta dell'editore Luca Stefano Cristini, si è deciso di valorizzarli, raccogliendoli in uno specifico volume. Pertanto, con l'editore, siamo convinti di fare cosa utile e gradita nel presentarli, per la prima volta insieme, in una omogenea raccolta.

Molti lettori si staranno chiedendo il perché si parli di cinque Regolamenti sull'uniforme della Milizia; cinque perché viene qui presentato, credo per la prima volta, un quinto ed introvabile Regolamento che si aggiunge a quelli noti del 1923, del 1931, del 1935 e del 1941.

Trattasi di un volumetto del luglio 1938, di 26 pagine di testo e 16 tavole, pubblicato dal Comando Generale della M.V.S.N. per meglio puntualizzare agli ufficiali in camicia nera le varie specie di uniformi, la loro composizione e le prescrizioni specifiche per l'uso.

Da ultimo segnalo che l'utilizzo del *corsivo* e/o del **grassetto,** così come dell'incerta punteggiatura, è dovuto ad una fedele riproduzione dei testi originali.

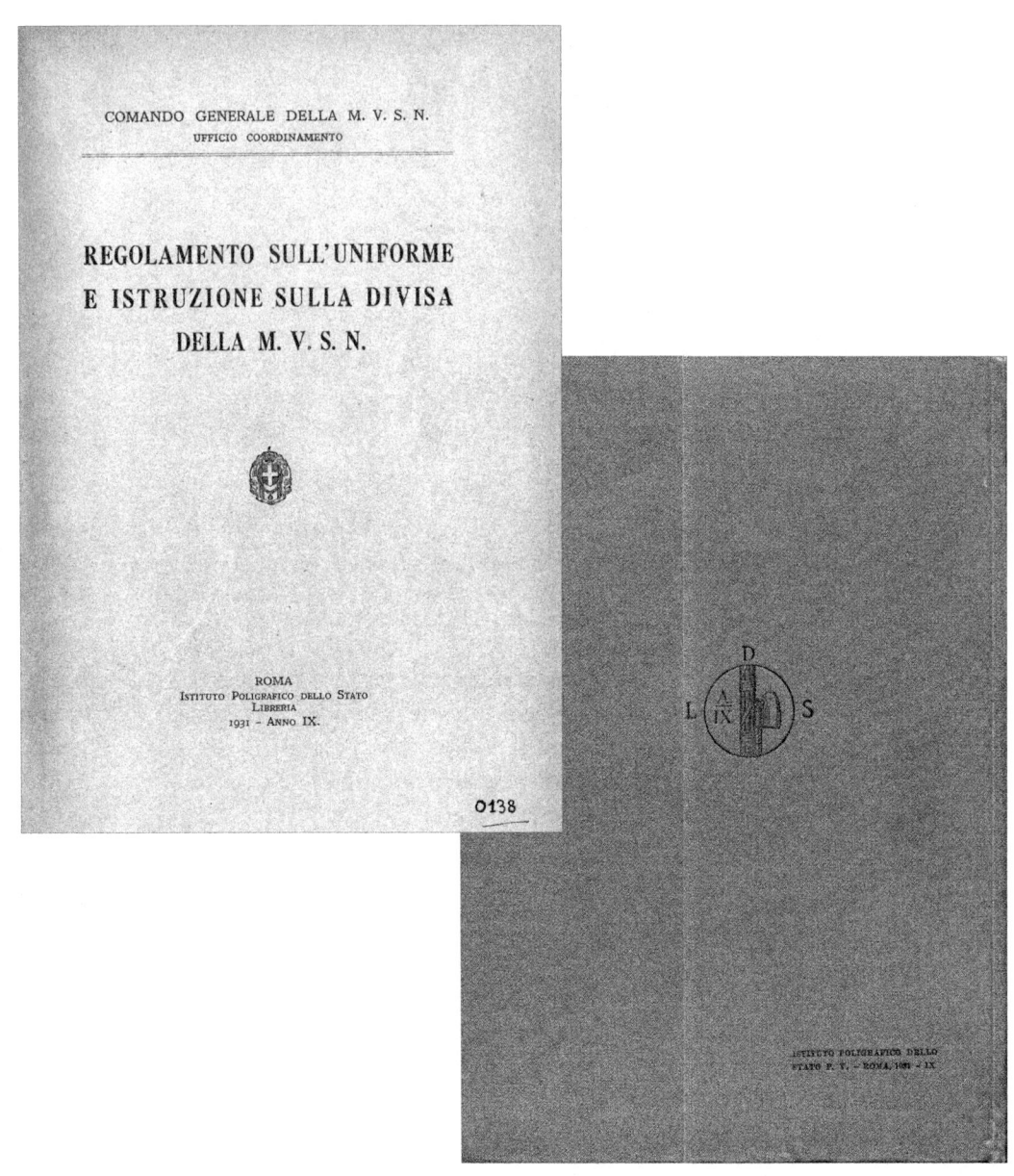

▲ Frontespizio e quarta di copertina del Regolamento del 1931

REGOLAMENTO 1923
ISTRUZIONI PER LA DIVISA DEGLI UFFICIALI E TRUPPA E REGOLAMENTO SULLA UNIFORME

MINISTERO DELL'INTERNO
Milizia Volontaria per la Sicurezza Nazionale
Istruzioni per la divisa degli Ufficiali e Truppa e
REGOLAMENTO SULLA UNIFORME

(Allegato B al Regolamento di disciplina)

Regolamento edito da: MILANO SOCIETÀ EDITRICE IMPERIA.
Stampato in ROMA presso «La Poligrafica Nazionale» Soc. An. - Via Cicerone, 56

VITTORIO EMANUELE III
PER GRAZIA DI DIO E PER VOLONTÀ DELLA NAZIONE
RE D'ITALIA

Visto il Regio Decreto N. 31 in data 14 gennaio 1923, col quale è istituita la Milizia Volontaria per la Sicurezza Nazionale; Sentito il Consiglio dei Ministri;

Sulla proposta del Nostro Ministro Segretario di Stato per l'Interno, Presidente del Consiglio dei Ministri, di concerto coi Ministri Segretari di Stato per la Guerra, per le Finanze, per la Giustizia ed Affari di Culto e per la Marina;

ABBIAMO DECRETATO E DECRETIAMO:

Art. 1. – È approvato il presente *Regolamento di disciplina* per la Milizia Volontaria per la Sicurezza Nazionale con gli allegati A. e B.

Art. 2. - Il Ministro dell'Interno è incaricato della esecuzione del presente decreto.

Il presente decreto sarà presentato al Parlamento per la conversione in Legge ed andrà in vigore il giorno stesso della sua pubblicazione nella *Gazzetta Ufficiale*.

Ordiniamo che il presente decreto, munito del sigillo dello Stato, sia inserto nella raccolta ufficiale delle leggi e dei decreti del Regno d'Italia, mandando a chiunque spetti di osservarlo e di farlo osservare.

Dato a Roma lì 8 marzo 1923.

VITTORIO EMANUELE III
MUSSOLINI - DIAZ - DE STEFANI - REVEL.

Visto, Il Ministro Guardasigilli: OVIGLIO.

UNIFORME E DIVISA

I.
USO DELL'UNIFORME

Art. 1. - L'uniforme, che contraddistingue il cittadino che ha l'onore di appartenere alla Milizia Volontaria per la Sicurezza Nazionale, deve formare l'orgoglio di chi ha il diritto di vestirla. Il milite deve perciò farla rispettare e deve dare ad essa tutte le cure necessarie perché sia mantenuta decorosa, pulita ed anche elegante.

Art. 2. - L'uniforme può essere portata esclusivamente **in servizio**, nelle istruzioni, esercitazioni, parate e funerali. I signori Ufficiali della Milizia hanno facoltà di indossarla anche per assistere a speciali funzioni di carattere ufficiale o privato, previa conferma chiesta ed ottenuta dal proprio Comandante di Legione. Gli Ufficiali Generali e Consoli possono vestire sempre l'uniforme, quando lo ravvisino conveniente.

Art. 3. - L'uniforme deve essere della foggia prescritta dal seguente capitolo III riguardante la divisa.

II.
VARIE SPECIE DI UNIFORME

Art. 4. - l'uniforme può essere:
  a) ordinaria;
  b) grande uniforme;

Art. 5. - L'uniforme ordinaria è quella che si porta in tutti i servizi, istruzioni, esercitazioni, ecc. e nelle ore di libertà quando un reparto è chiamato alle armi.

Essa consiste:

Per gli Ufficiali: cappello o fez (elmetto nei servizi armati di O. P.) - giubba - pantaloni con fascie, gambali o stivali - cinturone e pistola - guanti color marrone.

Sotto la giubba si veste sempre la camicia nera con fascia nera alla vita. D'estate, in servizio, non si porterà la giubba; l'Ufficiale può anche non indossarla fuori servizio.

D'inverno l'Ufficiale può fare uso del cappotto o della mantellina prescritta per il R. Esercito.

Gli Ufficiali Generali e Superiori possono anche indossare lo spencer.

Tutti gli Ufficiali possono fare uso dell'impermeabile.

Per la truppa: fez (elmetto nei servizi armati di ordine pubblico) - giubba - pantaloni con fascie. Nei servizi di qualche durata, o che **richiedono** la necessità di trasferimenti, il militare ha anche il tascapane, la borraccia e, occorrendo, la gavetta.

Sotto la giubba si veste sempre la camicia nera.

D'estate **non** si porta la giubba.

D'inverno, ove se ne senta la necessità, il milite riceve anche la mantellina.

Art. 6. - La grande uniforme è portata:

nelle riviste e parate; nei funerali ai quali intervengano truppe o rappresentanze del R. Esercito o della Milizia; nelle solennità e in tutte le funzioni di carattere ufficiale per le quali venga stabilita la grande uniforme per il R. Esercito; il giorno 21 aprile.

Con la grande uniforme gli ufficiali portano le decorazioni sulla giubba o sulla camicia e la sciarpa, disposta dalla spalla destra al fianco sinistro, e sostituiscono i guanti color marrone coi bianchi.

Se la truppa riunita in armi porta l'elmetto, gli Ufficiali che la comandano portano anche l'elmetto.

La grande uniforme della truppa si differenzia da quella ordinaria solo per le decorazioni che vengono portate sulla giubba o sulla camicia.

Quando venga ordinato, nelle parate il fez può essere sostituito dall'elmetto.

III.
DELLA DIVISA

Art. 7. - *Cappello degli Ufficiali*. - È di foggia uguale a quella prescritta per le truppe da montagna del R. Esercito, ma non ha né nappina né penna e le guarnizioni sono in nastro nero, anziché in grigio verde.

Fez - È quello nero da arditi. Lo si porta diritto sul capo con spaccatura al centro.

Giubba. - È della foggia stabilita per i bersaglieri ciclisti ed arditi dell'Esercito e si porta aperta nella parte superiore. È guarnita di fiamme di panno nero sul bavero.

Pantaloni. - Sono della foggia stabilita per le truppe da montagna o per i bersaglieri ciclisti. Transitoriamente possono essere adottati pantaloni da fanteria.

Fascie o gambali - Sono quelli stabiliti per l'Esercito. Di massima si portano le fascie; gli Ufficiali possono far uso dei gambali ed i Consoli ed Ufficiali Generali anche degli stivali.

Camicia - Cintura e cravatta nera. - Come è stabilito dal N. 5, sotto la giubba il milite veste sempre la camicia nera, la quale deve avere il colletto rovesciato. Sotto il colletto si porta la cravatta.

La cintura si mette avvolta attorno alla vita. Quando si veste la giubba la cintura può essere omessa.

Gli oggetti di divisa ora specificati sono eguali per gli Ufficiali e per la truppa.

La scelta della stoffa è lasciata a coloro che intendono farsi la divisa per conto proprio, purché essa sia del prescritto colore grigio-verde per giubba, pantaloni e fascie, e nera per la camicia.

Calzatura. - È di cuoio nero. I militari che ne avessero assoluto bisogno saranno forniti di un paio di stivaletti da fanteria.

Cinturone per gli Ufficiali. - È eguale a quello stabilito per l'Esercito. Lo si porta sopra la giubba, o sopra la camicia nera a seconda dell'uniforme che si veste.

Mantellina - Cappotto - Spencer - Impermeabile. - Sono della foggia e colore stabiliti per l'Esercito. L' ufficiale può fare uso della mantellina da truppa.

IV.
FREGI E DISTINTIVI

Art. 8. - Tutti gli appartenenti alla Milizia Nazionale portano sul bavero della giubba e della camicia nera il *fascio littorio* in metallo giallo.

Art. 9. - *Fregi da copricapo*. - Ufficiali Generali: Aquila Romana con fascio littorio fra gli artigli ricamati in oro, sul davanti del cappello o fez (Fig. 1).

Ufficiali superiori ed inferiori: Fascio littorio sul davanti del cappello o fez, e numero della Legione sotto il fascio, ricamati in oro. (Fig. 2).

Truppa: Fascio littorio in metallo giallo e numero (in cifre arabiche) della Legione, in rosso, tessuto su panno nero.

Art. 10. - *Distintivo di reparto*. - Gli Ufficiali e la truppa portano sul copricapo - come è detto al N.8 - il numero della Legione alla quale appartengono, in cifra araba.

Sulle spalline della giubba: il numero della Coorte in cifre romane, tessuto in bianco su panno nero.

Art. 11. - *Distintivi di grado*. - Sono per tutti applicati sulla parte anteriore della manopola della giubba o della camicia nera - orizzontalmente fino al grado di Seniore; verticalmente per i Consoli e gli Ufficiali Generali.

Essi consistono per il:

CAPO SQUADRA: un galloncino di argento alto mm. 5, lungo cm. 12.

CAPO MANIPOLO: due galloncini d'oro alti mm. 5 e lunghi cm. 12. disposti parallelamente alla distanza di mm. 5 l'uno dall'altro.

CENTURIONE: tre galloncini d'oro c. s.

SENIORE: un galloncino d'oro alto cm. 2 e un galloncino d'oro alto mm. 5, il secondo sovrapposto al primo alla distanza di mm. 5. Lunghezza cm. 12. (Fig. 3).

CONSOLE: Fascio littorio ricamato in oro in campo rosso sormontato da una stella d'oro. L'intero distintivo contenuto in un rettangolo circondato da trecciola in oro. Il rettangolo è di cm. 3 x 7. (Fig. 4).

CONSOLE GENERALE: Aquila Romana d'oro con sottopostovi trasversalmente il fascio littorio e sormontata da una stelletta d'oro. Il tutto ricamato su un rettangolo di tessuto d'argento, di cm. 3,50 x 7,50, contorno da trecciola d'oro. (Fig. 5 e Fig. 6).

ISPETTORE GENERALE: c. s. con due stellette.

COMANDANTE GENERALE: c. s. con 3 stellette.

Sul lato sinistro del cappello i decurioni e i centurioni portano gli eguali distintivi che hanno sulla giubba, messi ad angolo, come è prescritto per le truppe da montagna del R. Esercito. (Fig. 7).

I Seniori portano un gallone d'oro alto cm. 2 messo ad angolo come sopra e, dentro detto angolo, una stella ricamata in oro.

I Consoli portano lo stesso gallone dei Seniori e tre stelle rica-

Fig. 1 (*grandezza naturale*).

Fig. 2 (*grandezza naturale*).

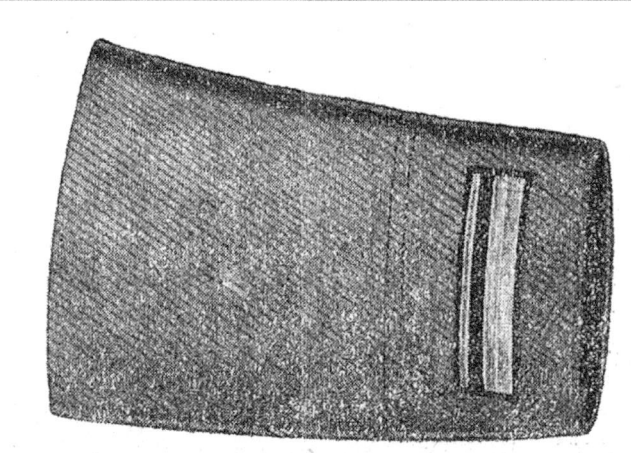

Fig. 3.

mate in oro disposte a triangolo con la base sul nastro del cappello. Stelle e gallone hanno un bordo di panno rosso di mm. 2. (Fig. 8).

Gli Ufficiali Generali portano una trecciola d'oro alta mm. 17, attorno al cappello lungo la base del nastro, a guisa di soggolo, e rispettivamente per i Consoli Generali, Ispettori Generali e Comandanti Generali una - due - tre stellette, in oro su striscia di tessuto d'argento, alta cent. 3 1/2 e lunga cent. 12, messa in senso trasversale dall'avanti all'indietro, e dal basso in alto. (Fig. 9).

I "Caporali onorari" portano sulla manica sinistra della giubba o della camicia, al di sopra del gomito, il corrispondente distintivo di grado in uso nell'Esercito, ma ricamato in seta rossa, e dentro l'angolo il fascio littorio ricamato in oro. Lo stesso distintivo

Fig. 4.

Fig. 5 (grandezza naturale)

Fig. 6.

sul copricapo che può essere il fez o il cappello alpino, sul quale va aggiunta l'Aquila Romana come per gli Ufficiali Generali e un cordone in tessuto di seta rossa.

Art. 12. - *Nastrini per decorazioni*: Si portano sul lato sinistro della giubba e della camicia nera con le stesse norme stabilite per gli Ufficiali del R. Esercito.

Sono d'obbligo solo i nastrini riferentisi a ricompense al valore e campagne di guerra.

Art. 13. - *Distintivo di promozione per merito di guerra*: Consiste nell'eguale distintivo prescritto per il R. Esercito, ma di metà dimensioni. Si porta sopra i nastrini delle decorazioni.

Art. 14. - *Distintivi di ferite e mutilazioni*: Sono quelli prescritti per l'Esercito e si portano nello stesso modo. I militi che abbiano riportate ferite in azioni fasciste, possono portarne il distintivo, consistente in un filetto di tessuto rosso, con le stesse modalità del distintivo per le ferite di guerra.

Art. 15. – *Distintivi per capi di S. M. - Aiutanti di campo - Aiutanti maggiori - Ufficiali addetti al Comando Generale, agli Ispettorati di Zona e ai Comandi di Legione*: I capi di S. M. portano un'Aquila Romana ricamata in oro sulle maniche della giubba o camicia al disopra del gomito.

Gli Ufficiali addetti al Comando Generale: una stella d'oro sulle maniche c. s.

Gli Aiutanti di campo, gli Ufficiali addetti agli Ispettorati di Zona e ai Comandi di Gruppo di Legione: una stella d'argento c. s.

Gli Aiutanti maggiori: un filetto d'oro sulla parte anteriore del bavero della giubba o del colletto della camicia, come è prescritto per il R. Esercito.

Art. 16. – *Distintivi speciali*: Sulla manica sinistra della giubba, sopra il gomito, saranno portati i distintivi speciali di: trombettiere, mitragliere, ciclista, ecc. ecc. in uso nell'Esercito.

Art. 17. - *Segno di lutto*: Come per l'esercito.

Fig. 7.

Fig. 8.

Fig. 9.

REGOLAMENTO 1931
REGOLAMENTO SULL'UNIFORME E ISTRUZIONE SULLA DIVISA DELLA M.V.S.N

PRESIDENZA DEL CONSIGLIO DEI MINISTRI
COMANDO GENERALE DELLA M. V. S. N.

È approvato il presente *Regolamento sull'uniforme e Istruzione sulla divisa della Milizia*, che sostituisce l'allegato B) al Regolamento di disciplina, approvato con R. decreto legge 8 marzo 1923, n. 831.

Roma, li 3 luglio 1931-IX.

IL CAPO DEL GOVERNO
COMANDANTE LA M. V. S. N.
MUSSOLINI.

AVVERTENZE.

La presente pubblicazione si compone di:

a) Una prima parte, Regolamento sull'uniforme, che enumera i vari tipi d'uniforme, descrive come sono composte e prescrive quando ed in quale maniera esse e gli oggetti singoli che le compongono debbono essere portati;

b) Una seconda parte, Istruzione sulla divisa, che descrive la foggia di ogni singolo oggetto.

Le prescrizioni qui contenute devono intendersi rigorosamente tassative. La loro osservanza e la conseguente uniformità nel vestire costituiscono preciso dovere disciplinare.

L'uniforme, che contraddistingue il cittadino che ha l'onore di appartenere alla M. V. S. N., deve formare l'orgoglio di chi ha il diritto di vestirla.

Le CC. NN. devono perciò farla rispettare, devono dare ad essa tutte le cure necessarie perché sia mantenuta decorosa, pulita ed anche elegante, senza però alterarne in modo alcuno la foggia.

PARTE PRIMA
REGOLAMENTO SULL'UNIFORME

CAPO I
UNIFORME PER GLI UFFICIALI

Varie specie di uniformi e loro uso.

1. L'uniforme per gli Ufficiali si distingue in:
   Grande uniforme.
   Uniforme di marcia.
   Uniforme ordinaria.
   Uniforme estiva.

2. GRANDE UNIFORME. - La grande uniforme si porta nelle seguenti circostanze:
   a) come uniforme della giornata, nelle solennità militari e nazionali:
   Genetliaco delle LL. MM. il Re e la Regina e Dì S. A. R. il Principe di Piemonte;
   23 marzo: costituzione deiFasci Italiani di Combattimento;
   21 aprile: Natale di Roma;
   Festa dello Statuto;
   28 ottobre: annuale della Marcia su Roma: 4 novembre: anniversario della Vittoria;
   1° febbraio: annuale della costituzione della Milizia
   b) nelle parate, guardie e picchetti d'onore;
   c) facendo parte di un Tribunale o di un Consiglio di disciplina, o comparendo dinanzi ad esso:
   d) nelle funzioni funebri alle quali intervenga scorta d'onore, nel caso in cui gli Ufficiali vi partecipino, sia comandati, che di propria volontà;
   e) prestando giuramento;
   f) nelle presentazioni alle LL. MM. il Re e la Regina e ai RR. Principi;
   g) nella presentazione, nelle visite di dovere e di congedo alle LL. EE. il Comandante generale ed il Capo Di S. M. della Milizia, agli Ufficiali generali, e, nella sola presentazione, al Comandante e agli Ufficiali superiori della Legione;
   h) nelle visite ad autorità non appartenenti alla Milizia nei casi previsti dagli articoli 183 e seguenti del Regolamento di disciplina militare [1].
   i) nei ricevimenti, balli e circostanze consimili dove intervengano in forma: ufficiali persone della Reale Famiglia;
   j) nelle solenni funzioni, rappresentanze, teatri, serate e balli dove le autorità non militari intervengano in uniforme ed i civili in abito da società con decorazioni [2].

3. Compongono la grande uniforme i seguenti oggetti [3]:
   a) copricapo:
   sotto le armi: elmetto metallico;
   non sotto le armi e fuori servizio: fetz [4];

---

[1] Nel far visita alle LL. EE. i Prefetti ed ai funzionari civili, gli Ufficiali non indossano la grande uniforme, ma la vestono nel restituire la visita se i funzionari suddetti la fecero in uniforme.
Non si veste mai la grande uniforme nello scambio di visite con autorità portuarie aventi, grado di Applicato di Porto.
A bordo, nel fare la visita (Marina Nazionale o Estera), si veste la grande uniforme; nel restituirla, si veste la divisa corrispondente a quella in cui la fecero gli Ufficiali di Marina (Nazionale o Estera).
[2] Nelle eccezionali circostanze che il presente regolamento non può prevedere l'eventuale uso della grande uniforme dovrà essere riservato alle solennità nelle quali tale uniforme venga imposta da evidenti ragioni di convenienza e di opportunità. In tal caso gli Ufficiali osserveranno le disposizioni che verranno emanate dai Comandanti di Presidio Militare.
Nelle cerimonie relative a consegne di labari e di bandiere nazionali a corpi armati, ad inaugurazioni di lapidi o monumenti ai Caduti in guerra o per la Causa Nazionale dovrà sempre essere indossata la grande uniforme.

b) giubba g. v. con controspalline da parata e decorazioni: pantalone corto con gambali o stivali.

nelle ore pomeridiane dei giorni in cui è prescritta la. grande uniforme, è sempre d'obbligo il pantalone lungo, meno che nei servizi armati:

c) camicia nera con colletto rovesciato e cravatta nera a nodo lungo;
d) cinturino di parata:
e) sciarpa;
f) guanti neri di pelle liscia o scamosciata [5].

4. UNIFORME DI MARCIA, - L'uniforme di marcia si porta [6]:
   a) facendo parte di truppe mobilitate.
   b) nelle istruzioni ed esercitazioni tattiche di campagna;
   c) nei servizi di ordine pubblico.

5. Compongono l'uniforme di marcia i seguenti oggetti:
   a) elmetto metallico (nei vari servizi di ordine pubblico o facendo parte di truppe mobilitate);
   b) fetz, o copricapo della spedalità, nelle esercitazioni;
   c) giubba e pantalone corto di panno g. v.
   d) camicia nera con colletto rovesciato e cravatta nera a nodo lungo;
   e) stivali, gambali o calzature di marcia;
   f) cinturone con pistola; bandoliera per gli Ufficiali delle Milizie speciali.

6. Facendo parte di truppe mobilitate e nei servizi di ordine pubblico fuori della sede, gli Ufficiali portano a tracolla la mantellina corta da truppa.

La mantellina a tracolla si porta dalla spalla sinistra al fianco destro. Il rotolo deve avere esternamente il rovescio del panno, e riuscire abbastanza ampio da adattarsi comodamente alla persona e da non impedire il movimento del braccio; è serrato da quattro correggiole di cuoio, delle quali una stringe i due capi e le altre il rotolo ad intervalli uguali.

7. UNIFORME ORDINARIA. - L'uniforme ordinaria si veste in tutti gli altri casi non contemplati dalle precedenti disposizioni.

Compongono l'uniforme ordinaria i seguenti oggetti:
   a) fetz o copricapo della specialità;
   b) camicia nera;
   c) giubba g. v. con cinturino dello stesso panno [7];
   d) pantalone corto, o lungo nelle sole ore pomeridiane;
   e) guanti neri.

---

(3) Per gli Ufficiali del Reparto Moschettieri la grande uniforme è uguale a quella degli altri Ufficiali ma la giubba ed i pantaloni sono di panno nero ed i guanti sono di foggia speciale alla Moschettiera.
Con qualunque uniforme gli appartenenti al Reparto Moschettieri portano il pugnale infilato nel cinturino.
(4) Gli Ufficiali delle Milizie: ferroviaria, postelegrafica e forestale (pei quali è di prescrizione il cappello alpino), gli Ufficiali delle Milizie portuaria e stradale (pei quali è di prescrizione il berretto tipo aeronautico) e quelli delle Legioni ordinarie che attestano alla frontiera (1^, 2^, 3^, 8^, 9^, 12^, 14^, 15^, 16^, 29^, 33^, 43^, 45^, 55^, 58^, 59^, 61^, 62^, 107^, pei quali prescritto il cappello alpino), con la grande uniforme portano il fetz. Per gli Ufficiali delle legioni libiche permanenti hanno vigore le disposizioni per essi contemplate nel "Regolamento sull'uniforme e Istruzione sulla divisa dei RR. Corpi di Truppe coloniali".
(5) Solo con la grande uniforme, quando vengono indossati i pantaloni lunghi e solo in ambienti chiusi, in occasione di ricevimenti, è consentito l'uso dei guanti bianchi di pelle liscia o scamosciata.
(6) Gli Ufficiali del Reparto Moschettieri con l'uniforme di marcia portano la giubba ed i pantaloni g. v. anziché neri, mentre con l'uniforme ordinaria portano giubba e pantaloni neri.
(7) Anche per le specialità.

8. UNIFORME ESTIVA. - L'uniforme estiva è facoltativa nel periodo 1° giugno - 15 settembre. Per gli Ufficiali in servizio permanente, tanto effettivo che nei quadri, per gli Ufficiali delle Milizie speciali e per quelli del Reparto Moschettieri.

Si porta fuori servizio e nelle ore di Ufficio per gli Ufficiali addetti ai Comandi.

9. Compongono l'uniforme estiva i seguenti oggetti:
   a) fetz nero;
   b) giubba bianca con nastrini delle decorazioni;
   c) pantalone bianco lungo;
   d) camicia nera;
   e) scarpette bianche con calze bianche;
   f) guanti bianchi.

10. Gli Ufficiali delle Milizie speciali con l'uniforme estiva, invece del copricapo della specialità, portano il fetz come tutti gli altri. Gli Ufficiali delle Milizie portuaria e stradale portano il berretto tipo aeronautica, di tela bianca.

Gli Ufficiali dei battaglioni CC. NN.; dei Reparti speciali di frontiera e del Reparto Moschettieri, con l'uniforme estiva, non portano il pugnale.

Con l'uniforme estiva di tela bianca, purché fuori servizio, è data facoltà agli Ufficiali di indossare la grande uniforme, che sarà composta dei seguenti oggetti:
   a) fetz nero o berretto bianco tipo aeronautica per le Milizie portuaria e stradale;
   b) giubba di tela bianca con decorazioni e con le controspalline prescritte per l'uniforme estiva ordinaria;
   c) pantalone bianco lungo con scarpette e calze bianche;
   d) camicia nera con colletto rovesciato e cravatta nera a nodo lungo;
   e) sciarpa;
   f) guanti bianchi.

Prescrizioni relative all'uso di taluni oggetti di divisa con le varie uniformi.

11. BANDOLIERA. - Di cuoio naturale per i soli Ufficiali delle Milizie speciali, quando indossano l'uniforme di marcia.

12. BRACCIALE INTERNAZIONALE. - Lo portano al braccio sinistro in guerra e nelle esercitazioni, gli Ufficiali addetti al servizio sanitario.

13. CALZATURE. - Col pantalone corto g. v.: gambali su stivaletti allacciati, o stivaloni di cuoio nero, opaco o lucido. Col pantalone lungo g. v.: stivaletti interi di cuoio lucido.

Nelle istruzioni ed esercitazioni tattiche in montagna sono facoltative le scarpe alpine di cuoio color naturale, con fasce o calzettoni di lana g. v.

Agli Ufficiali mutilati per i quali la invalidità lo richieda, è permesso l'uso dello stivaletto allacciato anche coi pantaloni lunghi.

14. OGGETTI SPECIALI PER MONTAGNA. - Costituiscono speciale dotazione dei componenti la Milizia di frontiera e sono elencati in particolare nelle disposizioni generali di cui al fascicolo di formazione e dislocazione dei Reparti speciali di Milizia confinaria.

Inoltre, gli Ufficiali dei reparti motociclisti sono autorizzati ad indossare un giubbone di pelle nera nelle esercitazioni con autoveicoli.

Gli Ufficiali destinati ad essere comunque trasportati su autoveicoli possono indossare, solo quando stanno su macchine, un pastrano di panno g. v. da truppa foderato, o no, di pelliccia.

15. CINTURONE CON PISTOLA. - Si porta, soltanto con l'uniforme di marcia, sopra la giubba, con la bretella sotto la controspallina destra.

La pistola è portata avanti al fianco sinistro presso l'attaccatura della bretella del cinturone, unita a quest'ultima mediante l'apposito passante della fondina.

Al cinturone possono essere appesi, oltre alla pistola, il binocolo, la borraccia e la borsa per carte.

16. DECORAZIONI E NASTRINI DI DECORAZIONI. - Si portano nell'ordne appresso indicato, in una o più righe. Quelle che risultassero eccedenti alle righe complete si portano in una ultima riga a cominciare dalla destra. Fra le decorazioni o nastrini di una stessa riga intercede minimo intervallo.

Le decorazioni ed i nastrini si applicano soltanto sulla giubba, nella parte sinistra del petto sopra il taschino.

I nastrini stessi possono essere cuciti su strisce di panno nero.

Se i nastrini non sono amovibili, applicando le decorazioni, essi debbono risultare interamente coperti da queste.

17. L'ordine delle decorazioni (o nastrini), procedendo da destra a sinistra del petto, è quello appresso indicato:

    1° - Ordine Supremo della SS. Annunziata.
    2° - Decorazione dell'Ordine dei SS. Maurizio e Lazzaro.
    3° - Decorazione dell'Ordine Militare di Savoia.
    4° - Decorazione dell'Ordine Civile di Savoia.
    5° - Medaglia d'oro e d'argento al valor militare.
    6° - Medaglia d'oro e d'argento al valor di marina.
    7° - Medaglia d'oro e d'argento al valor aeronautico.
    8° - Medaglia d'oro e d'argento al valor civile.
    9° - Medaglia commemorativa per l'Indipendenza e l'Unità d'Italia.
    10° Decorazione dell'Ordine della Corona d'Italia.
    11° - Medaglia di bronzo al valor militare.
    12° - Medaglia di bronzo al valor di marina.
    13° - Medaglia di bronzo al valor aeronautico.
    14° - Medaglia di bronzo al valor civile.
    15° - Medaglia a ricordo delle campagne d'Africa.
    16° - Croce per anzianità di servizio.
    17° - Decorazione dell'Ordine al Merito del Lavoro.
    18° - Medaglia commemorativa delle campagne dell'estremo oriente.
    19° - Medaglia d'onore di lunga navigazione.
    20° - Medaglia militare aeronautica di lunga navigazione.
    21° - Medaglia commemorativa della guerra Italo Turca 1911-12 e campagne di Libia.
    22° - Decorazione dell'Ordine Coloniale della Stella d'Italia.
    23° - Croce al merito di guerra.
    24° - Medaglia commemorativa nazionale della guerra 1915-18.
    25° - Croce di guerra al valor militare.
    26° - Medaglia al ricordo dell'Unità d'Italia.
    27° - Medaglia di benemerenza per i volontari della guerra Italo-Austriaca 1915-18.
    28° - Medaglia commemorativa della Marcia su Roma.

La decorazione del Sovrano Ordine Militare di Malta ed il relativo nastrino sono portati sempre in aggiunta alle decorazioni nazionali, ed hanno in ogni caso la precedenza su tutte le altre decorazioni non nazionali.

Le decorazioni estere ed i relativi nastrini si portano soltanto in occasione di funzioni, ricevimenti, ecc., in onore di personaggi appartenenti allo Stato estero del quale si posseggono le decorazioni.

La medaglia mauriziana e le commende si portano al collo, col nastro sotto il colletto rovesciato della camicia nera; chi ha più di una commenda porta soltanto quella che ha la precedenza nell'ordine sopraindicato. Le placche di grande ufficiale e di gran croce si portano al lato sinistro del petto, un po' più in basso delle decorazioni. La fascia di gran croce si porta a tracolla, da destra a sinistra, sotto la sciarpa. Chi ha più di una fascia, porta soltanto quella che ha la precedenza nell'ordine sopraindicato o quella che può essere consigliata da particolari ragioni di opportunità.

18. GIUBBA. - Si porta sempre completamente abbottonata. Dall'abbottonatura, dalle tasche e dalle falde della giubba non debbono sporgere oggetti di sorta.

19. GUANTI. - In tutti i servizi, armati o no, debbono essere calzati ed abbottonati; fuori servizio, calzati oppure portati in mano.

20. IMPERMEABILE. - È di color nero, di forma "Centocelle" (figure 24 e 25) si porta completamente chiuso. È facoltativo in tempo piovoso, con tutte le uniformi, tranne nei servizi sotto le armi.

21. MANTELLINA. - È obbligatoria per tutti gli Ufficiali la mantellina nera con borchie speciali in metallo dorato (fig. 10).

Indossandola sotto le armi, con qualsiasi uniforme, si porta naturalmente distesa col fermaglio agganciato, in modo che risulti chiusa sul petto.

In tutte le altre circostanze, si può portare la mantellina con uno dei lembi gettato sull'altra spalla. Però nel compiere l'atto del saluto, sia da fermo che in marcia, si dovrà rimettere la mantellina con i lembi naturalmente pendenti.

22. PANTALONE G. V. - In servizio si porta sempre il pantalone corto. Fuori servizio è facoltativo l'uso del pantalone lungo *solo nelle ore pomeridiane.*

Il pantalone lungo è obbligatorio nei ritrovi di società, nei teatri e, in generale, in tutte le riunioni, pubbliche o private, dove per i non militari è di convenienza l'abito nero. Ne è vietato l'uso in qualsiasi circostanza di servizio.

23. SCIARPA. - La sciarpa si porta:
     a)   sempre con la grande uniforme;
     b)   nei servizi di picchetto con l'uniforme ordinaria;
     c) in accompagnamento di Ufficiali generali con l'uniforme di marcia, uniforme ordinaria e quella estiva.

Si indossa soltanto sulla giubba e si porta a tracolla dalla spalla destra al fianco sinistro. I Capi di stato maggiore, e gli Ufficiali a disposizione di Ufficiali generali, o facenti funzione, la portano in senso contrario, dalla spalla sinistra al fianco destro.

24. Scudiscio. - È permesso, in servizio, solo a cavallo.

È vietato, anche fuori servizio, l'uso di qualunque bastone, frustino, canna da passeggio, ecc.

25. SEGNO DI LUTTO. - Il segno di lutto privato si può portare sulla giubba e sullo spencer, alla manica sinistra.

26. SPENCER. - Facoltativo, fuori servizio, per tutti gli Ufficiali. Si porta completamente abbottonato e senza distintivi di sorta.

27. SPERONI. - Li portano tutti gli Ufficiali generali superiori e gli Ufficiali d'ordinanza.

Prescrizioni relative all'uso dell'uniforme da parte delle varie categorie di Ufficiali della Milizia.

28. Gli Ufficiali in servizio permanente effettivo tanto della Milizia ordinaria che di quelle speciali, debbono vestire sempre l'uniforme.

Possono vestire l'abito civile:

a) gli Ufficiali generali, nelle ore pomeridiane di qualsiasi giorno dell'anno, eccetto che si trovino a campi e manovre, oppure che, nelle ore predette, facciano o ricevano visite di dovere, ricevano Ufficiali riuniti per servizio, si presentino a truppe o visitino locali occupati da truppe, oppure prendano parte a cerimonie alle quali sono invitati in considerazione del grado o della carica che rivestono;

b) gli Ufficiali membri del Parlamento Nazionale, quando intervengono alle sedute;

c) gli Ufficiali medici, fuori servizio, ed anche in servizio qualora debbano recarsi in caserma, o dovunque, in seguito a chiamata urgente, per casi improvvisi od in genere per i servizi non previsti dall'orario, né prescritti in precedenza.

d) tutti gli Ufficiali che si trovano in licenza, in aspettativa, in disponibilità od in missione all'estero;

e) gli Ufficiali che ne abbiano speciale autorizzazione dal Comando Generale, con le modalità e le limitazioni che sono stabilite nella autorizzazione stessa;

f) tutti gli Ufficiali, di residenza nei maggiori centri, durante il carnevale, nei veglioni od in altre simili circostanze, secondo le disposizioni che vengono date, volta per volta, dal Comandante del Presidio Militare.

g) gli Ufficiali Direttori di banda, fuori servizio.

29. Gli Ufficiali in servizio permanente nei quadri vestono l'uniforme *soltanto in servizio*, nelle istruzioni, esercitazioni, parate, ecc.

Possono indossarla anche fuori servizio per assistere a speciali funzioni di carattere ufficiale o privato, *previo permesso scritto rilasciato di volta in volta* dal proprio Comandante di Legione [1].

30. Gli Ufficiali della riserva indossano l'uniforme soltanto nei giorni di cerimonia, festività, celebrazioni di carattere nazionale, e solo in seguito ad ordine generale impartito dal Comando Generale o in seguito all'autorizzazione individuale scritta, rilasciata dal Comando dal quale dipendono.

CAPO II

UNIFORME PER I SOTTUFFICIALI

Varie specie di uniformi e loro uso.

31. L'uniforme per i sottufficiali [2] si distingue in:

Grande uniforme.
Uniforme ordinaria.
Uniforme di marcia.
Uniforme estiva.

---

(1) Le stesse norme hanno vigore per gli Ufficiali destinati all'inquadramento dei Reparti Giovanili. Per indossare l'uniforme fuori servizio, essi dovranno ottenere, di volta in volta, l'autorizzazione scritta dal proprio Comandante di Legione Avanguardista o Balilla, se questi è Ufficiale della Milizia, in caso contrario dal Comandante della Legione di M. V. S. N. che li ha in forza agli effetti matricolari.
I Seniori comandanti di Legione Avanguardista o Balilla, dovranno ottenere il suddetto permesso dal Comandante di Legione di M. V. S. N. competente.
(2) I sottufficiali e le Camicie nere del Reparto Moschettieri portano la giubba e i pantaloni di panno nero con la grande uniforme e con l'uniforme ordinaria, mentre con quella di marcia portano giubba e pantaloni di panno g. v. speciale. Portano i guanti neri alla Moschettiera e con qualunque uniforme il pugnale, infilato al cinturone nero con bretella. Per i sottufficiali delle Legioni Libiche hanno vigore le disposizioni contenute nel " Regolamento sull'uniforme e Istruzione sulla divisa dei RR. Corpi di Truppe coloniali.

32. LA GRANDE UNIFORME. - Si porta nelle circostanze indicate dai comma a), b), c), d) del n. 2.

Compongono la grande uniforme i seguenti oggetti:
- a) fetz da sottufficiale o copricapo della specialità: sotto le armi: elmetto metallico;
- b) giubba di panno g. v. da sottufficiale con controspalline da grande uniforme e decorazioni;
- c) pantaloni corti di panno g. v. da sottufficiale;
- d) gambali neri su stivaletti neri, allacciati o interi;
- e) camicia nera con colletto rovesciato e cravatta nera a nodo lungo.
- f) cinturone con bretella e pistola d'ordinanza; (bandoliera di cuoio naturale per le specialità);
- g) guanti neri.

33. L'UNIFORME ORDINARIA. - È composta dei seguenti oggetti:
- a) elmetto metallico, nei vari servizi di ordine pubblico o facendo parte di truppe mobilitate;
- b) fetz o copricapo della specialità, nelle esercitazioni ed in tutti gli altri casi;
- c) giubba di panno g. v. da sottufficiale con controspalline da uniforme ordinaria e nastrini delle decorazioni;
- d) pantaloni corti di panno g. v. da sottufficiale;
- e) camicia nera, o maglione nero, con colletto rovesciato e cravatta nera a nodo lungo;
- f) gambali neri su stivaletti neri allacciati o interi;
- g) cinturone con bretella e pistola d'ordinanza (bandoliera di cuoio naturale per le specialità);
- h) guanti neri.

34. L'UNIFORME DI MARCIA. - È uguale a quella ordinaria.

Con l'uniforme di marcia sono consentite le calzature di marcia, di color naturale, con fasce gambiere o calzettoni g. v.

Facendo parte di truppe mobilitate e nei servizi di ordine pubblico, anche i sottufficiali portano la mantellina da truppa a tracolla nel modo specificato al n. 6 per gli Ufficiali.

35. UNIFORME ESTIVA. - Dal 1° giugno al 15 settembre i sottufficiali non indossano la giubba. La camicia nera in tal caso, viene portata con i fascetti al colletto, i distintivi di grado sui polsini, quelli di specialità sulla manica sinistra, al disopra del gomito, e i nastrini delle decorazioni al disopra del taschino sinistro. Con l'uniforme estiva è di prescrizione una cintura nera della stessa stoffa della camicia, avvolta intorno alla vita, sotto al cinturone.

Con la grande uniforme e sotto le armi, viene sempre indossata la giubba.

36. MANTELLINA (di panno g. v. da sottufficiale) [1].

Valgono per il suo uso le stesse disposizioni di cui al n. 21.

Ai campi, alle manovre, in montagna, ecc. e in bicicletta è consentito l'uso della mantellina di panno g. v. da truppa.

37. OGGETTI SPECIALI PER MONTAGNA. - Costituiscono speciale dotazione dei componenti la Milizia di frontiera e sono elencati in particolare nelle disposizioni generali di cui al fascicolo di formazione e dislocazione dei reparti speciali di Milizia confinaria. Inoltre, i sottufficiali che prestano eventuale servizio su automezzi, possono indossare il pastrano g. v. da truppa, anche foderato di pelliccia. I sottufficiali dei reparti motociclisti sono autorizzati ad indossare un giubbone di pelle nera nelle esercitazioni con autoveicoli.

Per le specialità fornite di pastrano di colore e foggia speciali valgono le prescrizioni dei relativi regolamenti.

---

(1) Per i Moschettieri è di panno nero.

38. IMPERMEABILE. - È facoltativo; della stessa foggia e colore stabiliti per gli Ufficiali. Si porta, completamente chiuso, fuori servizio e solo con tempo piovoso.

39. BANDOLIERA. - Di cuoio naturale per le Milizie speciali e conducenti di autoveicoli. Si porta a tracolla, sulla spalla sinistra sotto la controspallina, in modo che gli alloggiamenti delle cartuccie vengano a risultare sul petto. Indossando il pastrano si porta su questo.

40. CINTURONE CON BRETELLA. - Si porta sopra la giubba, o sopra la fascia nera, con la uniforme estiva; con la bretella sotto la controspallina destra.

41. CONTROSPALLINE. - Sono movibili, si fissano verso il bavero della giubba mediante bottoncino metallico dorato. Con la grande uniforme, si applicano le speciali controspalline di panno nero. Con l'uniforme ordinaria e di marcia, quelle di panno g. v.

42. DECORAZIONI E NASTRINI DI DECORAZIONI. - Valgono le stesse prescrizioni di cui ai numeri. 16 e 17.

CAPO III
UNIFORME PER LA TRUPPA

Varie specie di uniformi e loro uso.

43. L'uniforme per le Camicie nere e per i graduati si distingue in:
Grande uniforme.
Uniforme ordinaria.
Uniforme di marcia.
Uniforme estiva.

44. GRANDE UNIFORME. - Si porta nelle circostanze indicate dai comma a), b), c), d) del n. 2; nelle presentazioni al Comandante di Legione o ad Autorità della Milizia ad esso superiori.
Compongono la grande uniforme, i seguenti oggetti:
    a) elmetto metallico, sotto le armi, in servizio di ordine pubblico, o quando venga appositamente stabilito;
    b) fetz, o copricapo della specialità negli altri casi;
    c) giubba di panno g. v. con fregi metallici alle controspalline e decorazioni;
    d) pantaloni di panno g. v.;
    e) camicia nera con colletto rovesciato e cravatta nera a nodo lungo;
    f) scarpe nere con fasce gambiere nere. Le CC. NN. ciclisti o montate su automezzi portano i gambali neri;
    g) guanti neri.

45. UNIFORME ORDINARIA. - È composta dei seguenti oggetti:
    a) elmetto metallico nei servizi armati;
    b) fetz o copricapo della specialità in tutti gli altri casi;
    c) giubba di panno g. v. con nastrini di decorazioni;
    d) pantaloni di panno g. v.;
    e) camicia nera con colletto rovesciato e cravatta nera a nodo lungo;
    f) scarpe nere (come per la grande uniforme).

46. UNIFORME DI MARCIA. - È uguale a quella ordinaria.

Con l'uniforme di marcia sono consentite le calzature di marcia, di color naturale, con fasce gambiere o calzettoni g. v.

Nelle esercitazioni di campagna e nei servizi di ordine pubblico, la truppa porta la mantellina a tracolla.

47. UNIFORME ESTIVA. - Come per i sottufficiali. Valgono le disposizioni di cui al n. 35.

48. OGGETTI SPECIALI PER MONTAGNA. - Costituiscono speciale dotazione dei componenti la Milizia di frontiera e sono elencati in particolare nelle disposizioni generali di cui al fascicolo di formazione e dislocazione dei reparti speciali di Milizia confinaria.

49. MANTELLINA CORTA. - Di panno g. v. per tutti [1]. Si porta sempre agganciata con i lembi naturalmente pendenti.

50. PASTRANO. - Per le CC. NN. conducenti o montate su automezzi.

Per le specialità fornite di pastrano di colore o foggia speciali valgono le prescrizioni dei relativi regolamenti.

51. ARMAMENTO. - Tutte le CC. NN. debbono essere sempre armate di sciabola-baionetta o del pugnale, se fanno parte dei reparti di frontiera e dei Battaglioni CC. NN., questi ultimi soltanto in servizio.

52. BANDOLIERA. - Valgono le stesse prescrizioni di cui al n. 39.

53. BRACCIALE INTERNAZIONALE. - Lo portano al braccio sinistro, in guerra o nelle manovre ed esercitazioni, le CC. NN. incaricate del servizio sanitario.

54. CINTURINO. - Quando il cinturino è completo (giberne e spallacci) lo si porta sopra la giubba. S'indossa invece sotto la giubba, o sopra la camicia nera d'estate, a diporto, quando si porta la sola baionetta; sopra la giubba o sopra la camicia nera, quando si porta il pugnale.

55. DECORAZIONI E NASTRINI DI DECORAZIONI. - Valgono le stesse prescrizioni di cui ai numeri 16 e 17.

56. FASCE GAMBIERE. - Sono di panno nero. Non devono lasciare sporgere legacci od altro. È consentito l'uso di fasce nere orlate.

57. GIUBBA. - Valgono le stesse prescrizioni di cui al n. 18.

58. SEGNO DI LUTTO. - Si porta sulla manica sinistra della giubba, al disopra della piegatura del gomito.

---

(1) Per i Moschettieri è di panno nero.

PARTE SECONDA
ISTRUZIONE SULLA DIVISA

CAPO I
DIVISA PER GLI UFFICIALI

Parti della divisa.

1. ELMETTO METALLICO. - È uguale a quello in uso nel R. Esercito, ma verniciato in nero. Il fregio è di metallo dorato. Non vi si applicano distintivi di grado (figure 1 e 2).

2. FETZ PER UFFICIALI. - Di feltro peloso nero. È di forma rigida, bombè, con leggera incurvatura al centro del cupolino in senso longitudinale e con risvolto esterno alto 11 centimetri dello stesso feltro, ricoprente tutta la parte cilindrica del fetz. Il risvolto è bordato con trina di seta nera alta 15 millimetri. Il fetz porta fissato nell'incurvatura del cupolino un fiocco di seta nera che scende sul risvolto davanti e dai lati, lungo tanto da lasciar visibili i gradi ed il fregio. Adorna il fetz un cordone intrecciato a nodi di Savoia, di seta rossa, per il Primo Caporale d'Onore ed i Caporali d'Onore, di oro per gli Ufficiali generali, di tessuto oro e nero per i Consoli e di seta nera per gli altri gradi. Il cordone è fissato nell' incurvatura del cupolino e scende ad arco sul lato destro del fetz. Il Comandante Generale porta sul fetz, nella grande uniforme, un pennacchio bianco di airone, fissato al disopra del fregio.
La foggia del fetz, il risvolto, la bordura, il fiocco ed il cordone devono essere in ogni particolare rigorosamente uguali a quelli delle figure 5, 6, 7, 8 e 9.

3. CAPPELLO ALL' ALPINA. - Di prescrizione per le Milizie: ferroviaria, postelegrafica e forestale, per i reparti speciali di frontiera e per le Legioni ordinarie che attestano alla frontiera, specificate nella nota n. 2 della pag. 15.
È di foggia uguale a quella prescritta per le truppe da montagna del R. Esercito, senza nappina né penna, eccetto per la Forestale che porta la sola nappina. La fascia anziché di nastro g. v., è di nastro nero, dell'altezza di mm. 45 ed il bordo è anche di seta nera.
Gli Ufficiali generali delle Milizie e Reparti predetti portano al cappello alpino una trecciola d'oro alta mm. 17, sul davanti, lungo la base del nastro, a guisa di soggolo. Per i Consoli la trecciola è di tessuto oro e nero alta anche mm. 17, per gli altri gradi la trecciuola è della stessa altezza, ma di seta nera (figure 3 e 4).

4. BERRETTO PER GLI UFFICIALI DELLE MILIZIE PORTUARIA E STRADALE. - È del tipo aeronautica, di castorino g. v. per le uniformi ordinaria e di marcia, di tela bianca per l'uniforme bianca estiva (figure 13 e 15).

5. GIUBBA DI PANNO DIAGONALE G. V. - È aperta sul petto, di foggia uguale per la grande uniforme e per le uniformi ordinaria e di marcia, e per tutte le specialità.
La giubba delle Milizie speciali differisce da quella della Milizia ordinaria, oltre che per i distintivi di specialità, indicati al n. 25, per la bottoniera, che per la Milizia ordinaria non è visibile, mentre per le Milizie speciali è scoperta, con bottoni di metallo dorato che hanno in rilievo il distintivo di specialità.
La giubba si compone: di un corpo, quattro tasche, un bavero, due maniche, un cinturino [1].
Il corpo si compone di due parti anteriori e due parti posteriori.

---
[1] Per la Milizia portuaria il cinturino è sostituito dalla martingala e la bottoniera esterna si compone di cinque bottoni.

La parte anteriore destra porta tre bottoni di osso, la parte anteriore sinistra, che si sovrappone alla destra, porta tre asole coperte. La abbottonatura risulta al centro del davanti del corpo della giubba, il primo bottone è situato al disotto dell'altezza delle mammelle e chiude l'apertura della giubba, l'ultimo è situato un po' sotto la linea naturale della vita. Fra il secondo ed il terzo bottone è situato il cinturino della stessa stoffa della giubba. Il cinturino è dell'altezza di mm. 42, è assicurato ai fianchi da due passanti di panno ed è allacciato sul davanti con fibbia semplice di metallo ossidato.

Le due parti anteriori, nella loro parte superiore, si aprono mediante due risvolti che si vanno a congiungere col bavero in modo da lasciare una apertura in corrispondenza del collo e sul petto. Le due parti anteriori portano inoltre due tasche ciascuna.

Le due parti posteriori, sono riunite tra loro con una cucitura al centro.

Le tasche (due superiori e due inferiori) sono costruite a toppa con cannelli. Le tasche superiori hanno l'apertura un po' sopra la linea del primo bottone e si protendono fino all'altezza del secondo bottone, le tasche inferiori hanno l'apertura un po' sotto il terzo bottone e si protendono, a seconda della taglia, fino a circa 3-5 centimetri dal limite inferiore della giubba. La larghezza delle tasche superiori deve essere di circa la metà della larghezza delle parti anteriori del corpo della giubba, misurata fra il centro dell'abbottonatura e la cucitura della ascella. Le tasche inferiori hanno una larghezza sensibilmente maggiore di quella delle tasche superiori, esse si protendono da a 3-5 centimetri dalla cucitura di unione fra le parti anteriori e le parti posteriori della giubba. Le tasche sono munite d'alette rettangolari. (Nella giubba delle Milizie speciali, al centro delle alette è verticalmente praticata un'asola in corrispondenza di un bottoncino dorato applicato alla parte superiore della tasca). Il corpo della giubba dev'essere sagomato in modo che si adatti al busto segnando la linea della vita e scenda poi con una certa ampiezza e con una lunghezza tale da coprire abbondantemente il cavallo dei pantaloni. Le spalle devono essere naturalmente ampie.

Sui risvolti della parte superiore delle due parti anteriori della giubba, sono applicate le fiamme di panno nero con fascetti ricamati in oro, oppure di metallo dorato, muniti di vite che permette di fissarli sulle fiamme. Il taglio della scure dei fascetti deve essere volto esternamente.

Le maniche si compongono ciascuna di due parti (superiore e inferiore) e finiscono con una manopola ciascuna. Le manopole, a seconda della taglia, sono lunghe da 60 a 90 millimetri e sono filettate (per i soli Ufficiali in servizio permanente effettivo e nei quadri) da un bordino di panno sporgente di mm 3; il bordino è di color nero. Per gli Ufficiali della Milizia forestale è verde, per quelli della stradale è blu. Per gli Ufficiali addetti alle Legioni A. G. F. e Balilla; le manopole non hanno il bordino.
Le maniche devono essere lunghe fino a coprire la nocella del polso e larghe una volta e mezza la larghezza della mano.

Le controspalline per la uniforme ordinaria e di marcia sono dello stesso panno g. v. della giubba, rigide e movibili, di forma rettangolare, terminanti a punta verso il collo, larghe alla base cm 5,50 e lunghe in proporzione della taglia dell'Ufficiale ed in modo che non sporgano dalla cucitura della spalla [2]. Sono foderate e filettate in nero; per gli Ufficiali della forestale: in verde, per quelli della stradale: in blu.

Nella parte inferiore ciascuna controspallina porta una linguetta che, partendo dalla estremità verso la cucitura della spalla, attraversa due passanti fissati al corpo della giubba e raggiunge l'altra estremità a punta; quivi, sia nella spallina, che nella linguetta è praticato un foro, ed altro foro è praticato, in corrispondenza, nel corpo della giubba, in modo da potervi introdurre il perno a vite ed un bottone metallico, piccolo, dorato, che tiene unite le varie parti. Le figure 17, 18, 19 e 20, completano la descrizione indicando le proporzioni che devono essere conservate fra le varie parti della giubba.

---

[2] Le controspalline delle uniformi di marcia ed ordinaria degli Ufficiali generali, anziché essere dello stesso panno diagonale g. v. della giubba; sono di tessuto d'argento, bordate di filettatura rosso-scarlatto per i Generali in S. P. E. (fig. 33) e bordate di filettatura nera pei Generali della riserva (fig. 34).

6. PANTALONI CORTI DI PANNO DIAGONALE G. V. - Non sono permessi pantaloni di panno o di colore diversi dal panno e dal colore della giubba. I pantaloni sono della foggia stabilita per le truppe di fanteria del R. Esercito, con bande applicate sulle cuciture esterne. Ciascuna banda è costituita da due strisce di panno nero larga ognuna mm. 20 ed intervallate di mm. 3. Per gli Ufficiali generali l'intervallo di mm. 3 è coperto da un cordoncino d'argento. Per gli Ufficiali della forestale, dal grado di Console in giù, il cordoncino è di panno verde, per gli Ufficiali della stradale è blu (figure 21 e 23).

7. PANTALONI LUNGHI DI PANNO DIAGONALE G. V. - Di foggia uguale a quella prescritta per il R. Esercito, con doppia banda nera delle stesse dimensioni stabilite per il pantalone corto. Valgono per le bande degli Ufficiali generali e per quelli delle Milizie forestale e stradale, le stesse prescrizioni di cui al n. 6.

    I pantaloni non debbono essere eccessivamente lunghi o corti, larghi o stretti. Il fondo, senza risvolto, deve essere tagliato obliquamente in modo da giungere posteriormente, fino al tacco della scarpa e, anteriormente, adagiarsi sulla tomaia della scarpa stessa senza far pieghe. I pantaloni lunghi sono provvisti di sottopiedi con bottoni e fibbie di metallo dorato (fig. 22).

8. GIUBBA DI TELA BIANCA. - Differisce da quella g. v. solo nei seguenti particolari:
    a) la bottoniera è scoperta, a quattro bottoni, dorati movibili;
    b) le quattro tasche, (senza aletta e senza bottone), sono interne, con aperture visibili e bordate di tela, secondo il modello di cui alla tavola relativa;
    c) non ha le fiamme nere al bavero;
    d) non ha nè cinturino di stoffa, nè martingala;
    e) non ha le manopole;
    f) ha le controspalline nere della stessa foggia e dimensioni di quelle g. v. della uniforme ordinaria. Le controspalline sono foderate in bianco, tanto per gli Ufficiali della Milizia ordinaria che per quelli delle specialità (fig. 26).

9. PANTALONI LUNGHI DI TELA BIANCA. - Senza bande e con risvolto. Valgono le stesse disposizioni di cui al n. 7. Non sono provvisti di sotto-piedi.

10. GIUBBA NERA PER UFFICIALI DEL REPARTO MOSCHETTIERI. - È di panno nero, della stessa foggia di quella g. v. descritta al n. 5. Sulle controspalline è tessuta in oro un'aquila simile a quella prescritta come distintivo per i capi di S. M. (fig. 70).

11. PANTALONI NERI PER UFFICIALI DEL REPARTO MOSCHETTIERI. - Della stessa foggia di quelli corti di panno g. v. descritti al n. 6, senza bande.

12. CAMICIA NERA. - È del tipo comunemente in uso. Di seta o di tela. Sono di prescrizione i polsini rivoltati e fermati con bottoni gemelli. Il colletto è del tipo rovesciato, può essere attaccato o staccato dalla camicia, purché sia sempre della stessa stoffa. Gli Ufficiali appartenenti a Legioni che ne hanno ottenuta apposita autorizzazione dal Comando Generale portano una fascia sottocollo di colore.

    È vietato l'uso del colletto, floscio o inamidato, bianco sotto il colletto della camicia.

    La cravatta nera è sempre di seta opaca ed a nodo lungo. Sono assolutamente vietate cravatte di altra stoffa o di altro nodo. (figure 27, 28 e 29).

    Con l'uniforme di marcia (mai con la grande uniforme o con l'uniforme ordinaria) è permesso l'uso di un maglione di lana nera con colletto rovesciato e con cravatta anche di lana nera a nodo lungo.

13. CALZATURE:

Col pantalone corto: stivaletto allacciato nero con gambale nero; oppure stivaloni neri, interi.

Lo stivaletto è del tipo comunemente in uso, con puntale, senza però cuciture o ornamentazioni appariscenti. Lo stivalone è del tipo comunemente in uso, nel R. Esercito, rigido o floscio, lucido od opaco.

Non sono consentite scarpe, gambali e stivaloni di color giallo o di cuoio naturale.

Gli Ufficiali del Reparto Moschettieri portano sempre stivaloni neri.

Col pantalone lungo g. v.: stivaletto intero di coppale con elastico.

Sono vietati gli stivaletti che non siano di coppale e quelli allacciati.

Col pantalone lungo bianco: scarpe e calze bianche.

14. CINTURINO DI PARATA. - È composto di due bordi di gallone dorato alto mm. 10, col centro di seta nera cordonata alto mm. 17. È foderato di pelle chiara. Altezza complessiva mm. 42.

Si allaccia sul davanti con una placca di metallo dorato, rappresentante l'aquila romana poggiante sul fascio littorio, contornata di frasca d'alloro. Dimensioni della placca mm. 50 X 40.

Il cinturino ha inoltre due passanti, dello stesso gallone dorato dei bordi, ed un passante di metallo dorato che permette di aumentare e diminuire la lunghezza del cinturino stesso (figure 30, 31 e 32).

15. CONTROSPALLINE PER GRANDE UNIFORME. - Della foggia uso marina, rigide, ovali verso il collo, delle dimensioni di cm. 13 X 6

Sono formate:

a) di lastra o tessuto dorato con bordino ricamato di oro (gomena) di mm. 8 ed aquila romana, tessuta in oro, poggiante su fascio littorio con scure in argento, per i *Caporali d'onore e gli Ufficiali generali* (fig. 37);

b) idem (come sopra) con bordino di mm. 4 e fascio littorio, ricamato in oro con scure d'argento per gli *Ufficiali superiori* (fig. 36):

c) idem (come sopra) senza bordino, con fascio littorio come alla lettera b), per gli *Ufficiali inferiori* (fig. 35) [1].

Nella parte inferiore portano la linguetta, come per le controspalline della uniforme ordinaria, descritta al n. 5.

Fregi e distintivi

16. FREGI DA COPRICAPO:

a) *Caporali d'onore e Generali*: aquila romana con fascio littorio fra gli artigli, ricamata in oro. La scure è ricamata in argento ed ha il taglio rivolto in basso. Il fregio è montato su fondo rosso di panno rasato, sporgente mm. 2, per gli Ufficiali in servizio P. E. e nei quadri (fig. 38).

Gli Ufficiali della Riserva portano il fregio senza fondo;

b) *Ufficiali superiori ed inferiori*: fascio littorio sormontato da una stella a cinque punte e, sotto il fascio: numero della Legione in un tondino in rilievo, con bordino. Il fascio, la stella, il tondino ricamati in oro [2].

I *Consoli* portano il fregio, montato su panno rosso rasato, sporgente mm. 2, ed il tondino dello stesso panno rosso. Tutti gli altri Ufficiali in servizio permanente effettivo e nei quadri lo portano montato su panno nero.

---

(1) Gli Ufficiali del Reparto Moschettieri portano anche sulle controspalline da grande uniforme l'aquila romana come sulle controspalline di panno nero o grigio-verde delle uniformi ordinaria e di marcia.

(2) Per gli Ufficiali della Milizia portuaria, il fascio littorio, cui e sovrapposta un'ancora, è circondato di frasca d'alloro ed è sormontato da una Corona Reale (fig. 16).
Gli Ufficiali della Milizia D. I. C. A. T., fra il fascio littorio ed il tondino, recante il numero della Legione, portano il distintivo di ottone da C. A. del R. Esercito.
Gli Ufficiali della stradale portano sul berretto il fregio di cui alla fig. 14. Per i Cappellani il fascio ed il tondino sono ricamati in argento su panno nero. Sul fascio è sovrapposta una croce, tessuta in oro (fig. 41).

Gli Ufficiali della Riserva (superiori ed inferiori) portano il fregio senza alcun fondo.

I numeri della Legione, di metallo dorato, sono in cifre arabe per gli Ufficiali delle Legioni ordinarie, in cifre romane per gli Ufficiali delle specialità.

Gli Ufficiali addetti ai Comandi di gruppo, di raggruppamento ed al Comando generale, in luogo del numero delle Legioni, portano una croce di metallo dorato (fig. 39).

17. DISTINTIVI DI GRADO PER COPRICAPO:

a) *Primo caporale d'onore*: gallone in seta rossa, della stessa foggia e dimensioni dei gradi di caporale in uso nel R. Esercito, disposto ad angolo sul lato sinistro del fetz. Dentro l'angolo è ricamata in oro un'aquila romana con fascio littorio fra gli artigli. Il distintivo è applicato su un triangolo di panno nero rasato (fig. 42).

b) *Caporale d'onore*: gallone come sopra. Dentro l'angolo è ricamato in oro un fascio littorio (fig. 43);

c) *Comandante generale*: tre stellette ricamate in oro su fondo rosso, applicate su striscia di tessuto d'argento, alta cm. 3,50 e lunga cm. 12 (fig. 48) messa sul lato sinistro del fetz, in senso trasversale, dall'avanti all'indietro e dal basso in alto. Il gallone ha un bordo di panno rosso di mm. 2 (fig. 44).

d) *Luogotenente generale*: due stellette ricamate in oro messe come sopra (fig. 46) [1].
Il *Luogotenente generale Capo di S. M.* porta fra le due stellette una Corona Reale ricamata in oro (fig. 45).

e) *Console generale*: una stelletta come sopra (fig. 47).

f) *Console*: gallone d'oro alto cm. 2 messo ad angolo sul lato sinistro del fetz, e, dentro l'angolo, tre stellette ricamate in oro, disposte a triangolo.
Stellette e gallone hanno un bordo di panno rosso sporgente mm. 2 (fig. 49).

g) *Primo Seniore*: (solo per le specialità che hanno tale grado): gallone d'oro come sopra, e due stellette ricamate in oro (fig. 50).

h) *Seniore*: gallone d'oro come sopra ed una stelletta ricamata in oro (fig. 51) [2].

i) *Centurione*: tre galloncini *d'oro alti mm. 10* messi ad angolo sul lato sinistro del fetz (fig. 52) [3].

l) *Capomanipolo*: due galloncini d'oro come sopra (fig. 53).

18. DISTINTIVI DI GRADO PER GIUBBA G. V.:

a) *Primo Caporale d'onore*: lo stesso distintivo del fetz sulla manica sinistra della giubba, al disopra del gomito (fig. 54).

b) *Caporale d'onore*: lo stesso distintivo del fetz sulla manica sinistra della giubba, al disopra del gomito. Per tutti i gradi i distintivi sono applicati sulla parte anteriore delle manopole della giubba, verticalmente per gli Ufficiali generali e per i Consoli, orizzontalmente per i rimanenti gradi e consistono:

c) *Comandante generale*: aquila romana d'oro che afferra il fascio littorio disposto orizzontalmente, con la scure rivolta in basso. L'aquila è sormontata da tre stellette d'oro messe a triangolo. Il tutto ricamato su di un rettangolo di tessuto d'argento di cm. 3,50 X 7, contornato di trecciuola d'oro. L'intero distintivo ha il bordo di panno rasato rosso sporgente mm. 2 (fig. 55).

---

(1) Per gli Ufficiali di qualunque grado appartenenti alla Riserva il distintivo di grado, tanto sul copricapo che sulla giubba, è applicato direttamente, senza alcun bordo colorato.
(2) Per gli Ufficiali in servizio permanente effettivo, sia nei quadri, (esclusi Consoli) i distintivi di grado (gallone e stellette) hanno un bordo di panno nero sporgente mm. 2. I Seniori che hanno comando effettivo di Legione portano i distintivi montati su panno rosso come i Consoli. Per gli Ufficiali della Riserva i distintivi non hanno nessun bordo.
(3) Per le Milizie portuaria e stradale, col berretto tipo aeronautica, i distintivi di grado dei Capimanipolo, Centurioni, Seniori e Primi-Seniori sono simili a quelli dei gradi corrispondenti della R. Aeronautica. Per i Consoli, il distintivo di grado è uguale a quello del Colonnello della R. Aeronautica: un gallone d'oro alto cm. 2 e tre filetti d'oro applicati su panno rosso (fig. 11). Per i Consoli generali, il distintivo di grado consiste in una serie di fasci littori, disposti orizzontalmente, a breve distanza l'uno dall'altro, intervallati da foglie di quercia. Il tutto è ricamato in oro direttamente su panno g. v;. del berretto. Le scuri dei fasci, che sono rivolte in alto, e le ghiande delle foglie sono ricamate in argento. Sopra alla suddetta serie di fasci e di foglie, e parallelo a questa, è applicato pure direttamente sul panno del berretto, un galloncino d'oro, alto mm. 8 (fig. 12 - grandezza naturale - e fig. 13). Il berretto porta sul davanti l'aquila romana da Ufficiale generale, ricamata in oro su panno rosso, e, a guisa di soggolo, un doppio cordone d'oro, come quello prescritto per il fetz da Ufficiale generale.

c) *Comandante generale*: aquila romana d'oro che afferra il fascio littorio disposto orizzontalmente, con la scure rivolta in basso. L'aquila è sormontata da tre stellette d'oro messe a triangolo. Il tutto ricamato su di un rettangolo di tessuto d'argento di cm. 3,50 X 7, contornato di trecciuola d'oro. L'intero distintivo ha il bordo di panno rasato rosso sporgente mm. 2 (fig. 55).

d) *Luogotenente generale*: come il precedente, ma con due stellette invece di tre (fig. 57).
Il *Luogotenente generale Capo di S. M.* porta tra le due stellette una Corona Reale ricamata in oro (fig. 56).

e) *Console generale*: come il precedente, ma con una sola stelletta (fig. 58).

f) *Console*: fascio littorio ricamato in oro in campo rosso, sormontato da una stella d'oro. L'intero distintivo è contenuto in un rettangolo di cm. 3,50 X 8, contornato di trecciuola d'oro (fig. 59).

g) *Primo Seniore* (solo per le specialità che hanno tale grado): un galloncino d'oro alto cm. 2 e due galloncini d'oro alti mm. 10, messi alla distanza di mm. 5 l'uno dall'altro, disposti parallelamente. Lunghezza cm. 12 (fig. 60).

h) *Seniore*: un galloncino d'oro alto cm. 2 ed un galloncino d'oro alto mm. 10, messi come sopra (fig. 61).

i) *Centurione*: tre galloncini d'oro alti mm. 10, e lunghi cm. 12, disposti parallelamente alla distanza di mm. 5 l'uno dall'altro (fig. 62).

l) *Capomanipolo*: due galloni d'oro come sopra (fig. 63).

19. DISTINTIVI DI GRADO PER GIUBBA BIANCA. - Per il Primo Caporale d'onore e per i Caporali d'onore le stesse controspalline degli Ufficiali generali, senza stellette, e gli stessi distintivi della giubba g. v., portati, questi ultimi, sulla manica sinistra al disopra del gomito.

Per tutti gli altri gradi i distintivi sono applicati sulle controspalline e consistono:

a) *Ufficiali generali*: le controspalline sono di tessuto argento con un bordino ricamato in oro (gomena) di mm. 8 ed al centro l'aquila romana con tre, due o una stelletta, come per la giubba g. v. L'aquila e le stellette sono ricamate in oro su panno rosso sporgente di mm. 2 (fig. 64).

b) *Ufficiali superiori*: fondo di panno nero e bordino in oro di mm. 4. Al centro della controspallina. *Console*: fascio littorio alto cm. 4. Sulla base della controspallina, sotto al fascio tre stellette messe a triangolo. Il tutto ricamato in oro su panno rosso sporgente mm. 2 (fig. 65).

Primo Seniore: due stellette come sopra. Il tutto ricamato in oro direttamente sul panno nero della controspallina (fig. 66).

Seniore: idem (come sopra) con una sola stelletta (fig. 67).

c) *Ufficiali inferiori*: le controspalline non hanno il bordino. Al centro: fascio littorio alto cm. 4 e sotto al fascio tre stellette messe a triangolo per il Centurione;

due stellette per il Capomanipolo. Il tutto ricamato in oro direttamente sul panno nero della controspallina (figure 68 e 69).

d) *Ufficiali delle Milizie speciali*: le controspalline ed i distintivi di grado sono uguali a quelli sopra descritti. Essi, anche con la giubba bianca, portano il distintivo di specialità ricamato in oro su panno nero, applicato sulla manica sinistra della giubba al disopra del gomito.

Fregi e distintivi speciali.

20. Tutti gli Ufficiali della Milizia portano sul bavero della giubba, della mantellina, del cappotto, dello spencer e dell'impermeabile, il fascio littorio ricamato in oro su panno nero, o di metallo con perno a vite. La forma e le dimensioni sono quelle della fig. 94, che è a grandezza naturale.

21. DISTINTIVI PER CAPI DI S. M. - I Consoli capi di S. M. dei raggruppamenti ed i Seniori capi di S. M. dei gruppi, nonché i Capi di S. M. delle Milizie speciali, portano un'aquila romana ricamata in oro sulle maniche della giubba, al disopra del gomito (fig. 70).

22. DISTINTIVI PER AIUTANTI MAGGIORI. - Un filetto d'oro sulla parte anteriore del bavero della giubba, com'è prescritto per il R. Esercito (fig. 84).

23. DISTINTIVI PER UFFICIALI A DISPOSIZIONE DI UFFICIALI GENERALI. - Una stella d'argento sulle maniche della giubba, al disopra del gomito (fig. 73).

24. FREGI E DISTINTIVI PER UFFICIALI MEDICI. - Per il personale sanitario, ferme restando tutte le disposizioni del presente regolamento per tutto ciò che riguarda i distintivi di grado, sono istituiti i seguenti fregi di distinzione:

a) *Ufficiali medici*: sul copricapo, sotto il fascio littorio, in luogo del numero della Legione, tondino in rilievo, contenuto da bordino ricamato in oro, con croce rossa in campo bianco, del diametro di circa 25 millimetri.

Sulle maniche della giubba un identico tondino, al disopra del gomito (figure 40 e 78):

b) *Ufficiali chimici-farmacisti*: sul copricapo, identico fregio degli Ufficiali medici: sulle maniche (invece del tondino): caduceo con due serpi intrecciati, ricamati in argento, di circa 35 millimetri di altezza (fig. 77).

25. DISTINTIVI DI SPECIALITÀ:

a) *Milizia ferroviaria*: una ruota alata, ricamata in oro su panno rosso, applicata sulla manica sinistra della giubba al disopra del gomito (fig. 81).

b) *Milizia postelegrafica*: una cornetta attraversata da saette. Il tutto ricamato in oro su panno rosso. Si porta applicata sulla manica sinistra della giubba, al disopra del gomito (fig. 83).

c) *Milizia forestale*: aquila con ali lievemente spiegate, poggiata su fascio littorio disposto orizzontalmente, con due scuri laterali, al disotto delle quali, incrociate orizzontalmente, stanno due foglie di quercia. Il distintivo è ricamato in oro su fondo nero con filettatura di panno verde sporgente due millimetri. Si porta applicato sulla manica sinistra della giubba, al disopra del gomito (fig. 74).

d) *Milizia stradale*: uno scudetto di stoffa blu contornato da bordino d'oro e contenente un fascio littorio alato: ai due lati del fascio, in basso, un monogramma per lato, uno portante le lettere A. A. e l'altro le lettere S. S. Il tutto ricamato in oro. Si porta applicato sulla manica sinistra della giubba, al disopra del gomito (fig. 79).

e) *Milizia portuaria*: una ancora, poggiante su un fascio littorio orizzontale sormontata da una Corona Reale. Il tutto ricamato in oro su panno rosso. Si porta applicato sulla manica sinistra della giubba, al disopra del gomito (fig. 71).

f) *Battaglioni Camicie nere*: un fascio littorio traversato da frasca d'alloro e contornato da un fregio a forma di scudo. Il fascio termina nella parte superiore con una fiamma attraversata da un pugnale posto orizzontalmente. Il tutto ricamato in oro su panno g. v. Altezza del fregio cm. 9. Si porta sulla manica sinistra della giubba, al disopra del gomito (fig. 76).

g) *Reparti M. D. I. C. A. T.*: distintivo simile a quello dei reparti C. A. del R. Esercito ricamato in oro su panno rosso. Si porta sulla manica sinistra della giubba, al disopra del gomito. Dimensioni: larghezza cm. 9 (estremità delle ali), lunghezza cm. 5 (estremità della bocca da fuoco) (fig. 82).

h) *Reparti universitari*: distintivo metallico costituito da un libro aperto sul quale è poggiato un moschetto: il libro è sormontato da un'aquila ad ali spiegate (fig. 72). Il distintivo è di metallo dorato per gli Ufficiali; di metallo argentato per i sottufficiali, graduati e truppa, ed è applicato sul lato destro della giubba, al disopra della tasca superiore destra.

Il distintivo ha un bordo di panno colorato indicante la facoltà. Per gli studenti medi non ha alcun bordo.

Gli appartenenti ai Reparti universitari, inscritti agli speciali corsi allievi ufficiali del R. Esercito, portano intorno al bavero della giubba e della mantellina un galloncino d'argento.

i) *Ufficiali addetti all'istruzione premilitare*: uno scudetto ovale, di stoffa blu, contornato da bordino d'oro e contenente, in alto: una stelletta dalla quale si irradiano numerosi raggi in tutte le direzioni; a sinistra: un fascio littorio, con la scure rivolta a destra. Il tutto è ricamato in oro, ad eccezione della scure del fascio, che è in argento. Si porta applicato alla manica sinistra della giubba, al disopra del gomito (fig. 72-bis, tav. XX).

1) *Ufficiali addetti all'O. N. B.*: ovale di stoffa g. v. contenente un fascio littorio e le lettere O. N. B., contornate di frasca d'alloro. Il tutto ricamato in oro. Si porta sulla manica sinistra, al disopra del gomito (fig. 75).

26. DISTINTIVO DI PROMOZIONE PER MERITO DI GUERRA. - È uguale a quello prescritto per il R. Esercito. Si porta sopra i nastrini delle decorazioni.

27. DISTINTIVO DEI DISCIOLTI REPARTI D'ASSALTO. - Possono portarlo gli Ufficiali che ne hanno diritto, secondo le norme vigenti nel R. Esercito.

28. DISTINTIVI DI FERITE O MUTILAZIONI. - Sono quelli prescritti per il R. Esercito e si portano nello stesso modo. Gli Ufficiali che abbiano riportate ferite in azioni fasciste o in servizio nella M. V. S. N. ed abbiano il relativo brevetto, ne portano il distintivo consistente in un filetto di tessuto rosso posto sotto e parallelo al distintivo per le ferite di guerra.

CAPO II
DIVISA PEI SOTTUFFICIALI

Parti della divisa.

29. ELMETTO METALLICO. - È uguale a quello degli ufficiali, il fregio metallico è argentato anziché dorato.

30. FETZ PER SOTTUFFICIALI. - Di feltro nero rasato; rigido, con spaccatura al centro del cupolino e con risvolto di feltro stesso bordato con trina di lana nera. La bordura è di mm. 5. Il risvolto è di cm. 7 compresa la bordura. Il fetz ha sul davanti un fiocco nero, ma non ha il cordone prescritto per gli ufficiali (figure 85, 86 e 87) [1].

31. CAPPELLO ALL'ALPINA. - Per le Milizie speciali e per i Reparti di frontiera che hanno tale copricapo di prescrizione. È di feltro g. v. uguale nella forma a quello degli ufficiali, descritto al n. 3, dal quale differisce per i fregi e per i gradi.

32. BERRETTO PER LE MILIZIE PORTUARIA E STRADALE. - È di panno g. v. della stessa foggia prescritta per gli ufficiali, senza gradi e col fregio tessuto in argento (fig. 91). I marescialli portano al berretto gli stessi gradi prescritti per quelli dell'Esercito.

Per i sottufficiali e le CC. NN. della Milizia portuaria, durante la stagione estiva è prescritto un casco, tipo coloniale, di tela bianca.

33. GIUBBA. - È costruita con panno g. v. speciale per sottufficiali. (Con panno nero per i sottufficiali del Reparto Moschettieri). La foggia è identica a quella prescritta per gli ufficiali, fatta eccezione per la bottoniera che è esterna, a tre bottoni di metallo dorato e per il cinturino di panno, al posto del quale i sottufficiali portano sempre il cinturone di cuoio naturale (nero per i Moschettieri), al quale è attaccata la fondina della pistola d'ordinanza.

Le controspalline hanno il numero della Coorte, in cifre romane, tessute in bianco su fondo nero [2]. Le manopole non hanno bordino di panno nero.

---

(1) Per i sottufficiali del Reparto Moschettieri il fetz ha il cordone come quello degli Ufficiali. Gli appartenenti ai Battaglioni CC. NN. portano il fetz nero alla bersagliera (fig. 102), senza fregio, né alcun distintivo di grado.
(2) Gli appartenenti ai Battaglioni CC. NN. non portano alcuna numerazione sulle controspalline. I Moschettieri portano sulle controspalline un'aquila romana, come gli Ufficiali del reparto stesso, ricamata in argento.

34. PANTALONI. - Sono dello stesso panno speciale della giubba. La foggia è quella descritta al n. 6 per gli ufficiali. Le bande sono costituite ciascuna da una sola striscia di lana nera, larga mm. 20, anziché di due strisce com'è prescritto per gli Ufficiali (figure 95-97).

I sottufficiali delle Milizie forestale e stradale portano la doppia banda filettata, rispettivamente, in verde e azzurro.

Per il Reparto Moschettieri i pantaloni sono di panno nero senza banda.

35. CAMICIA NERA. - È uguale a quella prescritta al n. 12. Ha in più le controspalline della stessa stoffa, attaccate alla cucitura delle maniche sulle spalle, e due taschini sul petto, all'altezza delle mammelle (fig. 93).

36. CALZATURE. - Stivaletti allacciati neri con gambali neri. Con la uniforme di marcia è consentito l'uso di calzature da montagna, di colore naturale, con calzettoni g. v. I sottufficiali del Reparto Moschettieri portano gli stivaloni neri da Ufficiale.

37. MANTELLINA. - Di panno g. v. (di panno nero per i Moschettieri), come quella prescritta per il R. Esercito. Sul bavero, fiamme nere e fascetti littori.

38. CONTROSPALLINE PER GRANDE UNIFORME [1]. - Sono di panno nero, della stessa foggia e dimensioni di quelle per la uniforme di marcia ed ordinaria degli ufficiali, descritte al n. 5; non portano il numero del reparto. Nel centro hanno un fascio littorio ricamato in argento (fig. 92).

39. FREGIO DA COPRICAPO. - Fascio littorio con sotto un tondino piatto, anziché in rilievo, con bordino. Nel tondino è applicato il numero della Legione. Il tutto ricamato in argento su panno nero

I numeri della Legione, di metallo argentato, sono in cifre arabe per i sottufficiali delle Legioni ordinarie, in cifre romane per quelli delle specialità (fig. 88).

40. DISTINTIVO DI GRADO PER COPRICAPO. - Un gallone tessuto argento largo mm. 16 con filetti neri, orizzontali e paralleli, larghi ciascuno mm. 1,50, tessuti nel gallone, a distanza di mm. 2 dai bordi. Il gallone è messo ad angolo sul lato sinistro del copricapo (figure 86 e 87) [2].

41. DISTINTIVO DI GRADO PER GIUBBA. - Una striscia dello stesso gallone sopra descritto, montata su panno nero, applicata alle maniche della giubba al disopra delle manopole, e parallelamente a queste, in modo che le estremità di ciascun gallone tocchino le due cuciture laterali della manica. Il gallone è sormontato al centro da una losanga, dello stesso tessuto argento, alta mm. 70 e larga mm. 50 (figure 89 e 90) [3].

42. DISTINTIVO DI GRADO PER MANTELLINA. - Sono applicati al bavero della mantellina fra il bordo e le fiamme nere e consistono in un galloncino d'argento di mm. 4, sopra un galloncino di lana rossa di mm. 4, aderenti uno all'altro e seguenti le fiamme nere in tutta la loro lunghezza (fig. 96).

Fregi e distintivi speciali.

43. Tutti i sottufficiali portano sul bavero della giubba e della mantellina il fascio littorio in metallo dorato.

44. DISTINTIVI PER CAPISQUADRA DI SANITÀ. - Sul copricapo immutati i distintivi di reparto; sulle maniche della giubba identici fregi degli ufficiali medici, bordati, però, in argento, anziché in oro.

---

(1) Per tutti meno che per i sottufficiali dei Reparto Moschettieri.
(2) Per le Milizie speciali che hanno diversi gradi di sottufficiali vigono le disposizioni degli speciali regolamenti, tanto per i distintivi di grado da copricapo, che per quelli della giubba e della mantellina.
(3) I sottufficiali e le Camicie nere dei Reparti speciali portano sulle manopole un alamaro nero, indicante la qualità di Agente di polizia giudiziaria (fig. 80).

45. DISTINTIVI DI SPECIALITÀ. - Sono uguali a quelli descritti al n. 25 ma ricamati in argento, anziché in oro.

Per la Portuaria sono in metallo argentato, su fondo di panno rosso e si portano sulla manica sinistra della giubba, al disopra del gomito.

46. DISTINTIVI DI PROMOZIONE PER MERITO DI GUERRA, DI ARDITO, DI FERITE O MUTILAZIONI. - Valgono le stesse disposizioni di cui ai numeri 26, 27 e 28.

    I distintivi di mitragliere, ciclista, tiratore scelto, ecc. sono identici a quelli prescritti per il R. Esercito.

CAPO III
DIVISA PER LA TRUPPA

Parti della divisa.

47. ELMETTO METALLICO. - È uguale a quello descritto al n. 1.

48. FETZ PER TRUPPA. - È di feltro nero, rasato, con spaccatura al centro del cupolino e con risvolto di feltro stesso, senza bordura, nè cordone. Il risvolto è di cm. 4; sul davanti del fetz: un fiocco di lana nera (figure 98 e 99).

    La truppa dei Battaglioni CC. NN., porta il fetz nero, alla bersagliera, (fig. 102) senza fregio nè distintivo di grado.

    I Moschettieri portano il fetz simile a quello dei sottufficiali con cordone nero da Ufficiale.

49. CAPPELLO ALL'ALPINA. - Per le Specialità che lo hanno di prescrizione, per i reparti di frontiera e per le Legioni ordinarie citate al n. 3.

    È uguale a quello descritto al n. 31.

50. BERRETTO PER LA MILIZIA PORTUARIA. - È di panno g. v. della foggia prescritta per i militari di truppa della R. Aeronautica (a busta senza visiera) e col fregio di metallo argentato uguale a quello prescritto per gli Ufficiali (fig. 103).

51. BERRETTO PER. LA MILIZIA STRADALE. - È uguale a quello prescritto per i sottufficiali al n. 32 (fig. 91).

52. GIUBBA. - È di panno g. v. da truppa (di panno nero, con bottoniera interna, e senza bottoni alle 'tasche, per i Moschettieri). Ha foggia analoga a quella descritta al n. 33 per i sottufficiali, senza cinturino, nè filettature di sorta. Le controspalline, costruite con lo stesso panno della giubba, sono fisse, cucite alle spalle all'attaccatura delle maniche. Sono applicati alle controspalline i numeri delle Coorti, come per i sottufficiali. Le controspalline portano due fori per l'applicazione dei fregi di grande uniforme, ed all'estremità, verso il bavero, un'asola in corrispondenza della quale è applicato nel corpo della giubba un bottone piccolo dorato (fig. 104) [1].

53. PANTALONI. - Di panno g. v. da truppa, simili ai pantaloni della truppa di fanteria del R. Esercito. Sulla costura laterale esterna è applicata una banda di trina di lana nera larga mm. 10 (figure 106 e 107).

    Per i Moschettieri i pantaloni sono di panno nero senza bande.

    I militi delle Milizie forestale e stradale portano la doppia banda filettata, rispettivamente, in verde ed in azzurro.

54. CAMICIA NERA. - Come per i sottufficiali.

55. CALZATURE. - Stivaletti di cuoio nero. Sono vietate le scarpette. Sullo stivaletto: fascia gambiera colore nero. Alle CC. NN. bisognose viene distribuito un paio di stivaletti da fanteria. È consentito, con l'uniforme di marcia, l'uso di calzature da montagna, di color naturale, con calzettoni g. v.;
per le truppe che fanno servizio di montagna. Le CC. NN. dei Reparti speciali portano il gambale nero. I Moschettieri portano gli stivaloni neri, da Ufficiale.

56. MANTELLINA. - Di panno g. v. (di panno nero per i "Moschettieri") corta, simile a quella di prescrizione per le truppe di fanteria del R. Esercito. Per le CC. NN. che fanno servizio su automobili è consentito l'uso del pastrano di panno g. v. foderato, o no, di pelliccia. Le CC. NN. dei Reparti motociclisti possono indossare il pellicciotto di cuoio nero.

Fregi e distintivi.

57. FREGI DA COPRICAPO. - Fascio littorio e numero della Legione in metallo dorato (fig. 105). Per le Milizie speciali stesso fregio, ma ricamato in nero su panno g. v. ad eccezione delle Milizie portuaria e stradale, che portano il distintivo della specialità.

58. FREGI PER CONTROSPALLINE DA GRANDE UNIFORME. - Un fascio di metallo dorato alto cm. 5, fermato su ciascuna controspallina per mezzo di due linguette di metallo stesso, infilate nei fori delle controspalline (fig. 104).

59. DISTINTIVI DI GRADO PER COPRICAPO. - I vice capisquadra e le CC. NN. scelte [2] portano al lato sinistro del copricapo i seguenti distintivi, disposti ad angolo [3]:
   a) *Vice caposquadra*: due galloni rossi tipo marina; larghi ciascuno mm. 9 e distanti fra loro mm. 4.
   b) *Camicia nera scelta*: un galloncino rosso come sopra.

60. DISTINTIVI DI GRADO PER GIUBBA:
   a) *Vice caposquadra*: due galloni rossi come quelli del copricapo, sormontati da un occhiello a losanga alto mm. 60 e largo mm. 40, montati su panno nero ed applicati alle maniche della giubba, al disopra delle manopole, com'è prescritto per i sottufficiali al n. 41 (fig. 101).
   b) *Camicia nera scelta*: un galloncino, come sopra, sormontato dallo stesso occhiello del vice caposquadra (fig. 100) [4].

61. DISTINTIVI DI GRADO PER MANTELLINA. - Sono applicati al bavero della mantellina, com'è detto al n. 42 per i sottufficiali e consistono:
   a) *Vice caposquadra*: due galloncini rossi uguali a quelli della giubba.
   b) *Camicia nera scelta*: un galloncino, come sopra.

---

(1) Gli appartenenti ai Battaglioni CC.NN non portano alcuna numerazione sulle controspalline. I Moschettieri portano sulle controspalline un'aquila romana, come gli Ufficiali del reparto stesso, ricamata in argento, anche con la grande uniforme.
(2) Ad eccezione di quelli della Milizia stradale che al berretto non portano distintivi di grado.
(3) I graduati della Milizia portuaria portano gli stessi fregi messi orizzontalmente, anziché ad angolo.
(4) I graduati della Milizia portuaria portano i distintivi di grado sulle maniche della giubba al disopra del gomito a "V" un gallone largo e due piccoli di trina rossa, per i militi scelti.
I graduati delle Milizie forestale e stradale portano gli stessi distintivi di grado prescritti per il caporal maggiore del R. Esercito, rispettivamente, su fondo verde e su fondo azzurro.

Fregi e distintivi speciali.

62. Tutte le CC. NN., portano sul bavero della giubba e della mantellina il fascio littorio in metallo dorato.

63. DISTINTIVI PER CC. NN. DI SANITÀ:
    a) *Sul copricapo*: immutati i distintivi di reparto.
    b) *Sulle maniche della giubba*: tondino a piatto, anziché in rilievo, con bordino di panno cremisi; nel tondino: Croce Rossa in campo bianco.

64. DISTINTIVI DI SPECIALITÀ. - Uguali a quelli descritti al n. 25; sono ricamati in argento: per le Milizie ferroviaria, postelegrafica, forestale e stradale; in metallo argentato, per la Milizia portuaria ed i Reparti universitari; ricamato in seta gialla, per la Milizia D. I. C. A. T. ed in seta nera, per i Battaglioni CC. NN.
    Per i graduati e CC. NN. addetti alla Istruzione premilitare e per quelli addetti alla O. N. B., il rispettivo distintivo è ricamato in argento.

65. DISTINTIVI DI ARDITO E DI FERITE O MUTILAZIONI. -Valgono le stesse disposizioni di cui ai numeri 27 e 28.

TAVOLE

Tav. I.

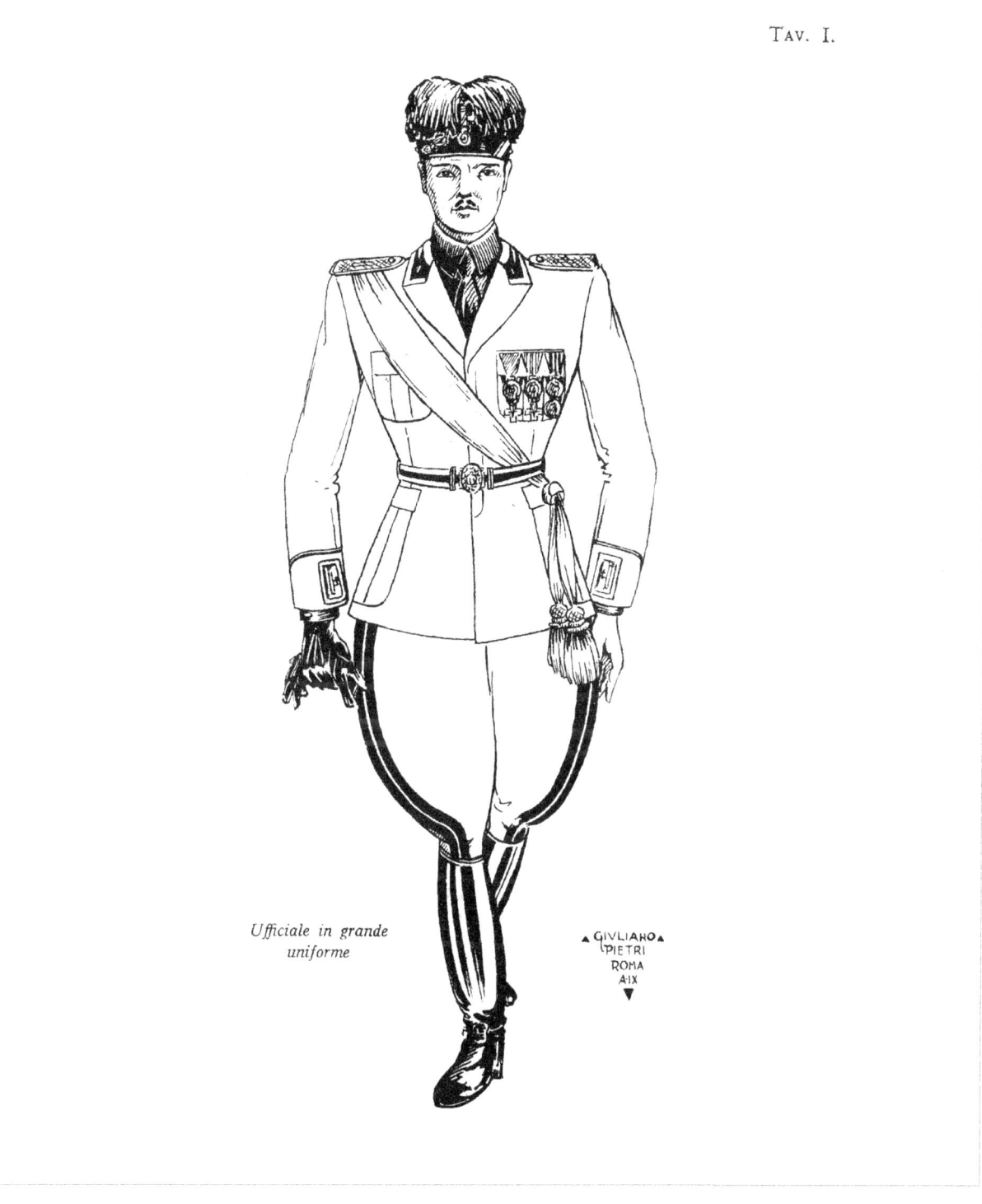

Ufficiale in grande uniforme

Tav. II.

Ufficiale in uniforme ordinaria con i pantaloni lunghi

Tav. III.

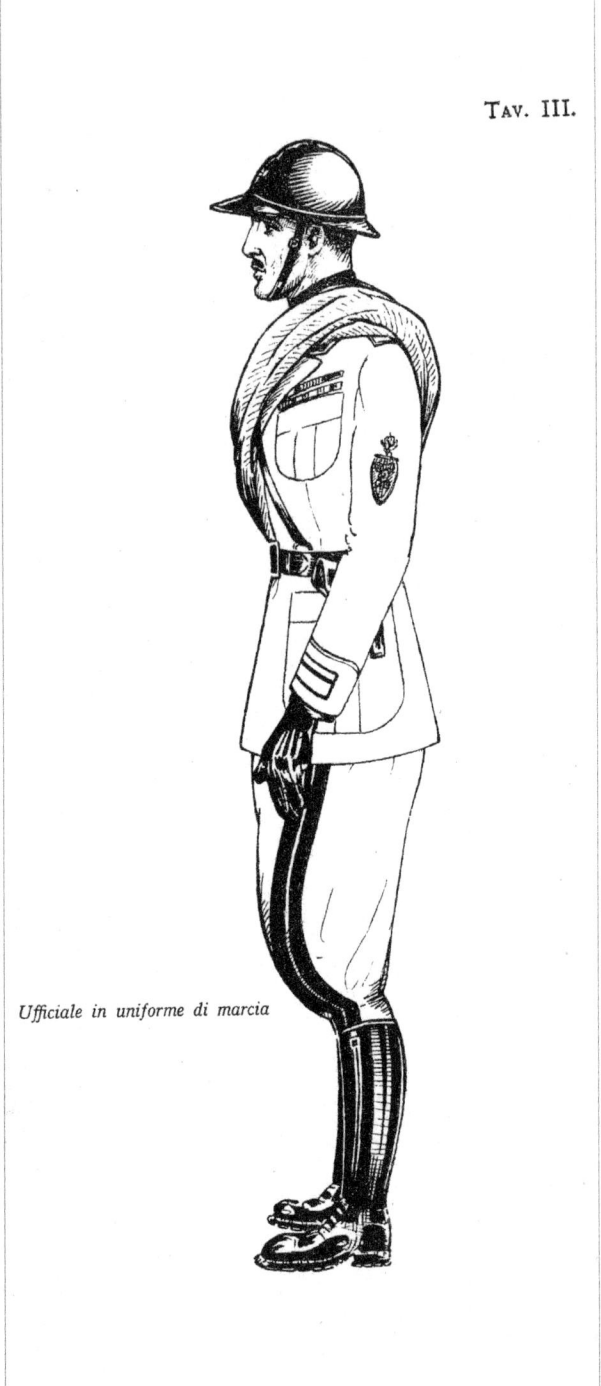

Ufficiale in uniforme di marcia

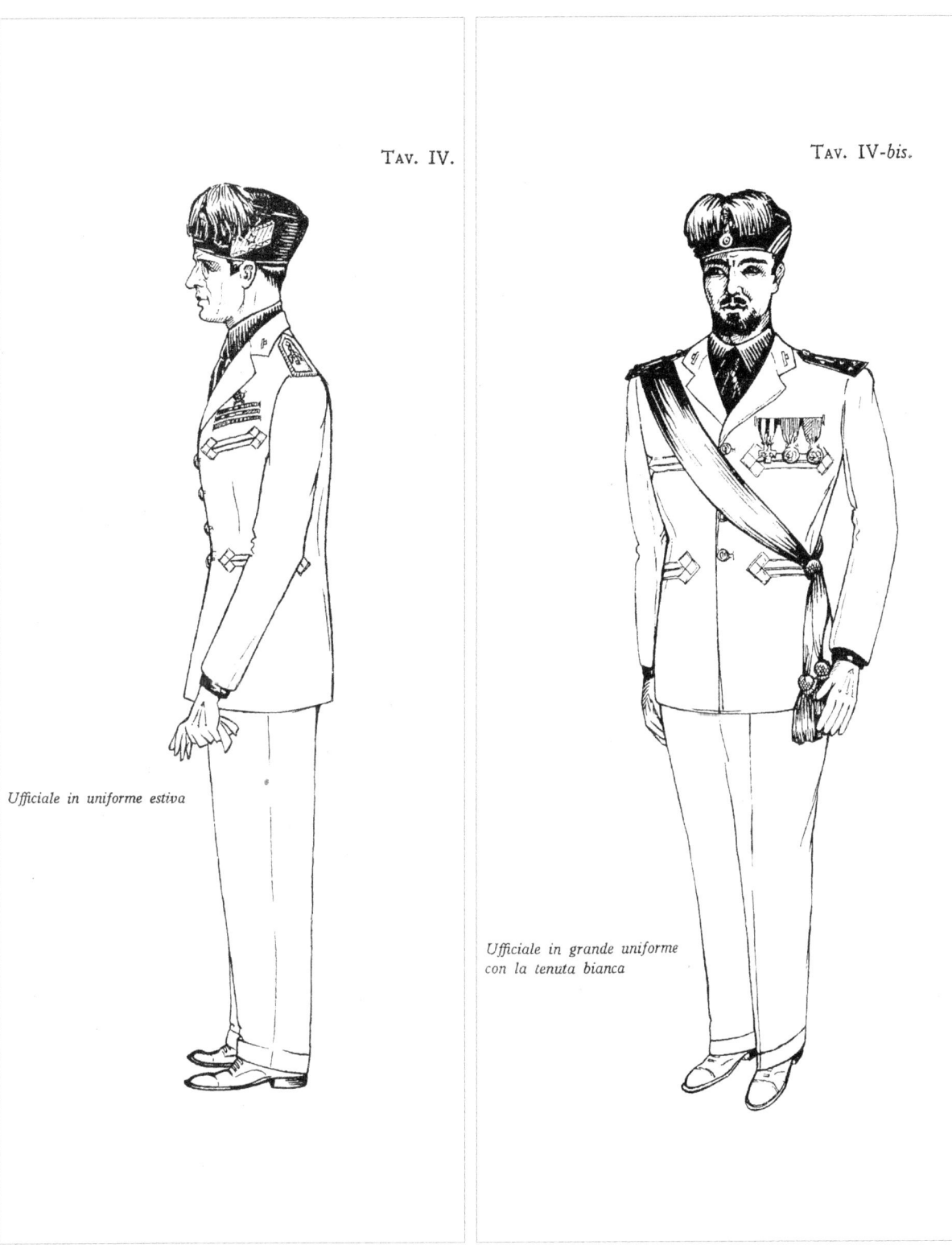

Tav. IV.

Ufficiale in uniforme estiva

Tav. IV-*bis.*

Ufficiale in grande uniforme con la tenuta bianca

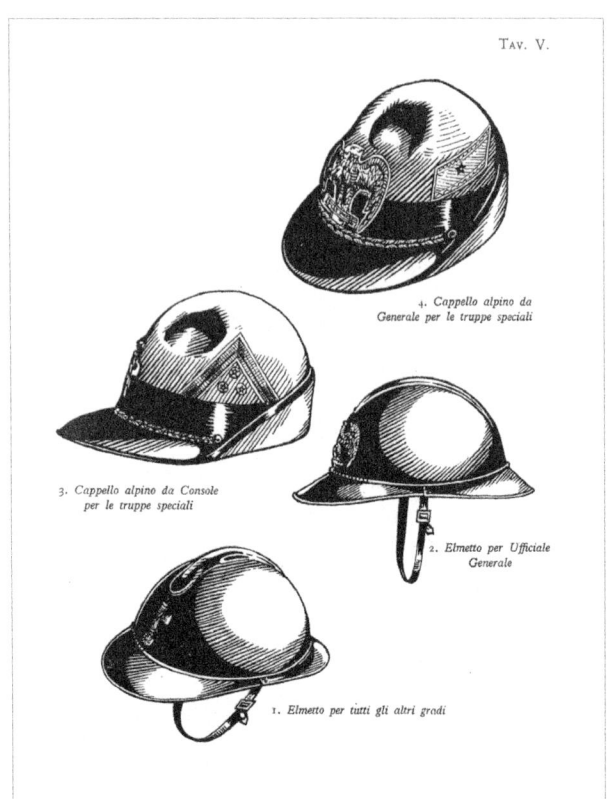

Tav. V.

4. Cappello alpino da Generale per le truppe speciali
3. Cappello alpino da Console per le truppe speciali
2. Elmetto per Ufficiale Generale
1. Elmetto per tutti gli altri gradi

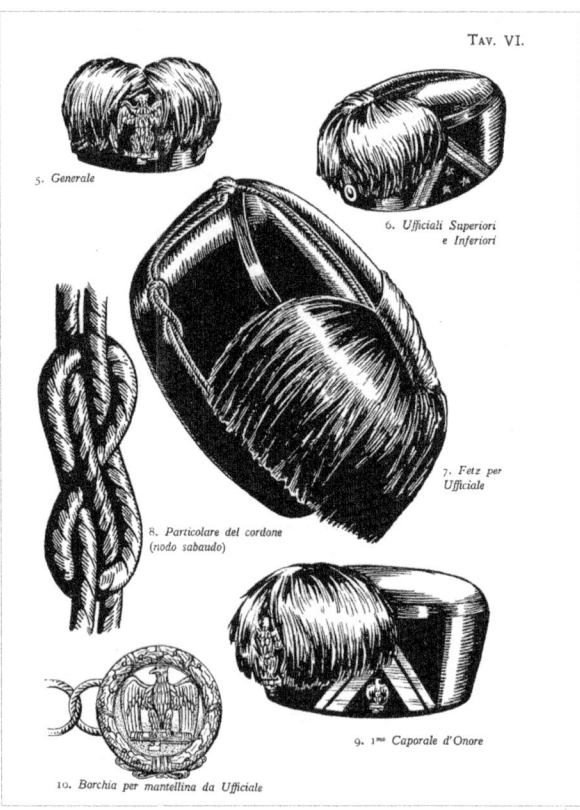

Tav. VI.

5. Generale
6. Ufficiali Superiori e Inferiori
7. Fetz per Ufficiale
8. Particolare del cordone (nodo sabaudo)
9. 1mo Caporale d'Onore
10. Borchia per mantellina da Ufficiale

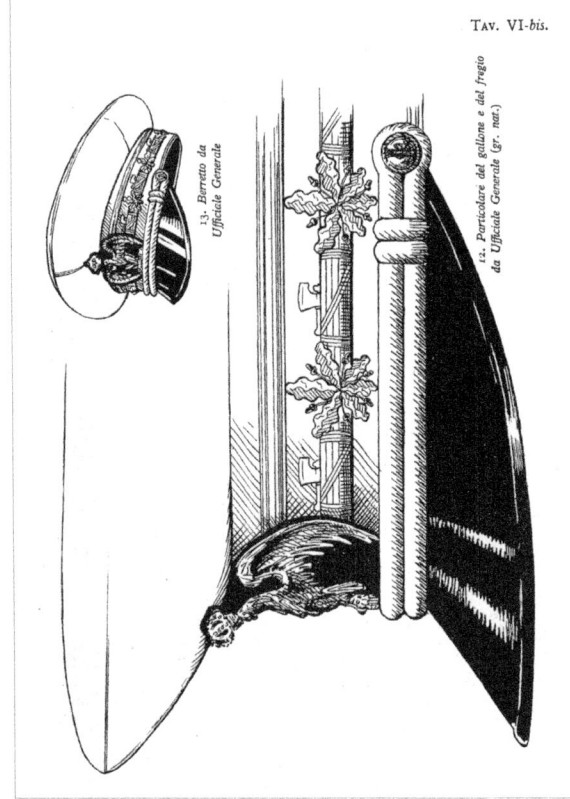

Tav. VI-bis.

13. Berretto da Ufficiale Generale
12. Particolare del gallone e del fregio da Ufficiale Generale (gr. nat.)

Tav. VII.

11. Gallone per berretto da Console della Milizia stradale e portuaria
15. Berretto da Ufficiale della Milizia stradale e portuaria.
14. Fregio da copricapo per la Milizia stradale
16. Fregio da copricapo per la Milizia portuaria

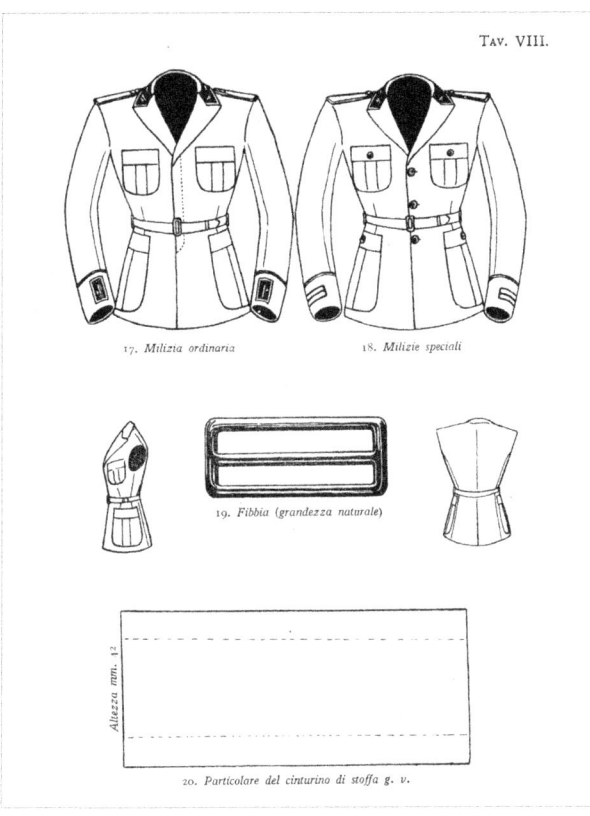

Tav. VIII.

17. Milizia ordinaria
18. Milizie speciali
19. Fibbia (grandezza naturale)
20. Particolare del cinturino di stoffa g. v.

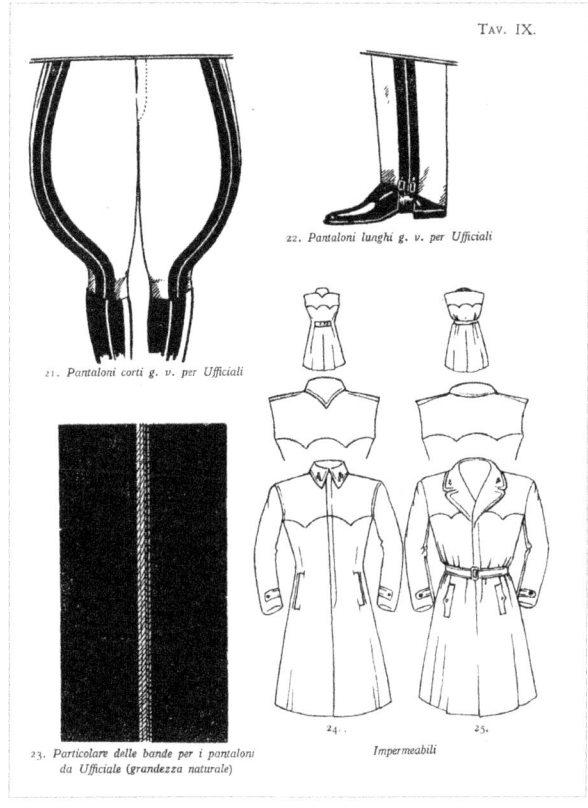

Tav. IX.

21. Pantaloni corti g. v. per Ufficiali
22. Pantaloni lunghi g. v. per Ufficiali
23. Particolare delle bande per i pantaloni da Ufficiale (grandezza naturale)
24. 25. Impermeabili

Tav. X.

26. Giubba di tela bianca per la divisa estiva degli Ufficiali

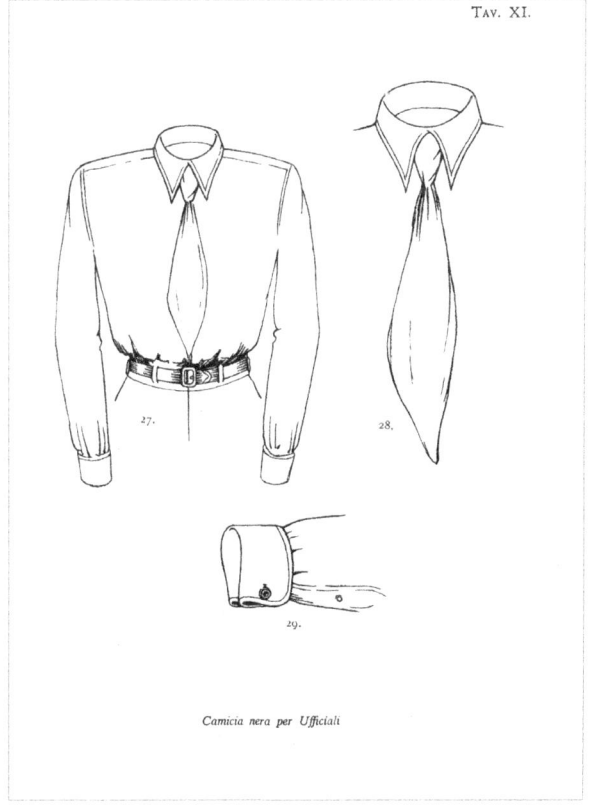

Tav. XI.

Camicia nera per Ufficiali

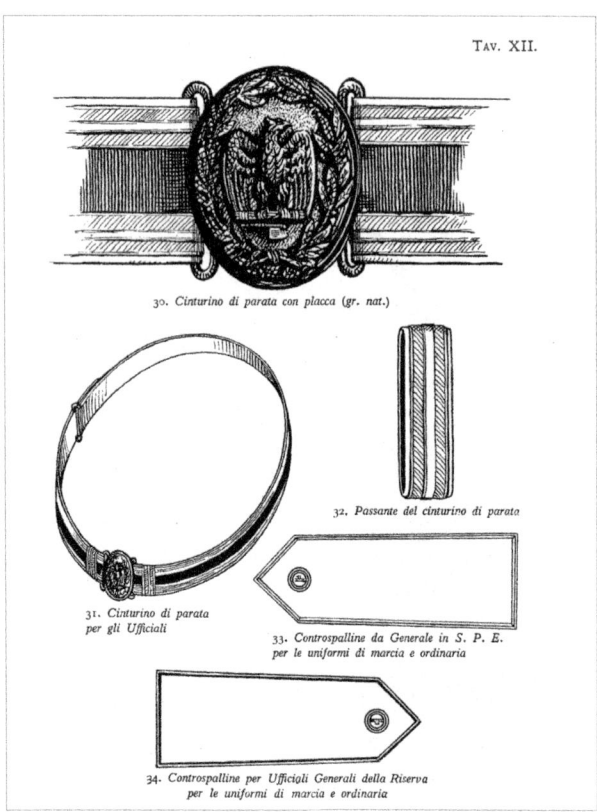

Tav. XII.

30. Cinturino di parata con placca (gr. nat.)
31. Cinturino di parata per gli Ufficiali
32. Passante del cinturino di parata
33. Controspalline da Generale in S. P. E. per le uniformi di marcia e ordinaria
34. Controspalline per Ufficiali Generali della Riserva per le uniformi di marcia e ordinaria

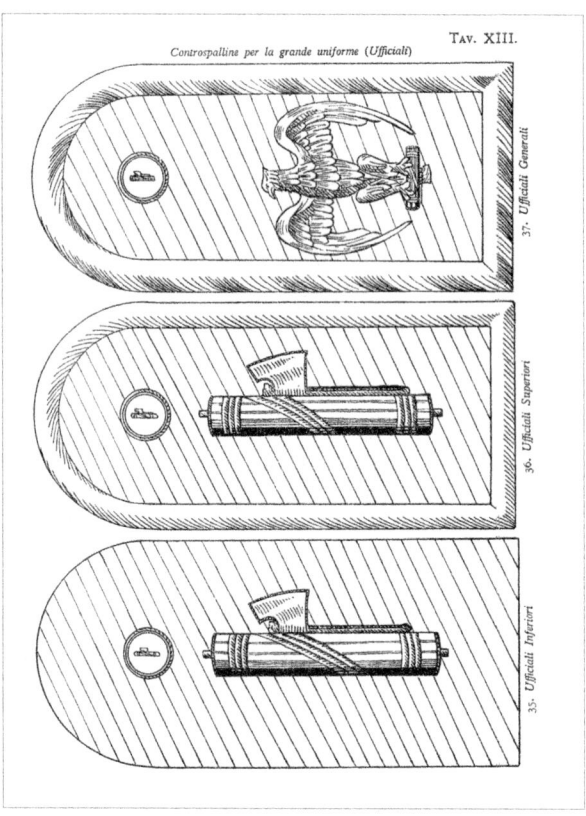

Tav. XIII.

Controspalline per la grande uniforme (Ufficiali)

37. Ufficiali Generali
36. Ufficiali Superiori
35. Ufficiali Inferiori

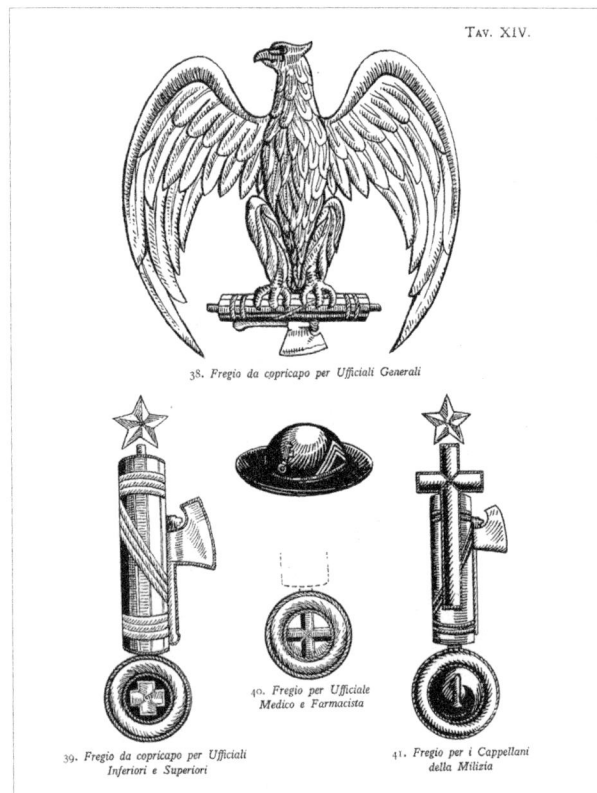

Tav. XIV.

38. Fregio da copricapo per Ufficiali Generali
39. Fregio da copricapo per Ufficiali Inferiori e Superiori
40. Fregio per Ufficiale Medico e Farmacista
41. Fregio per i Cappellani della Milizia

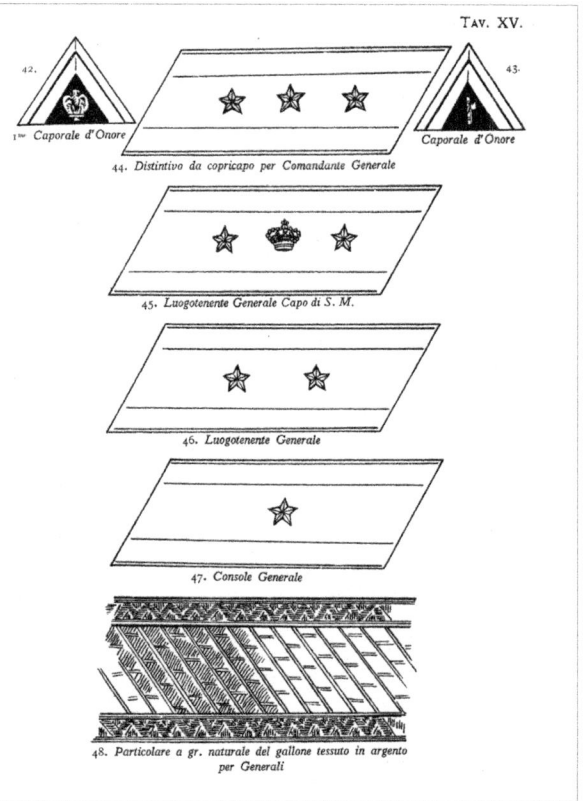

Tav. XV.

42. 1mo Caporale d'Onore
43. Caporale d'Onore
44. Distintivo da copricapo per Comandante Generale
45. Luogotenente Generale Capo di S. M.
46. Luogotenente Generale
47. Console Generale
48. Particolare a gr. naturale del gallone tessuto in argento per Generali

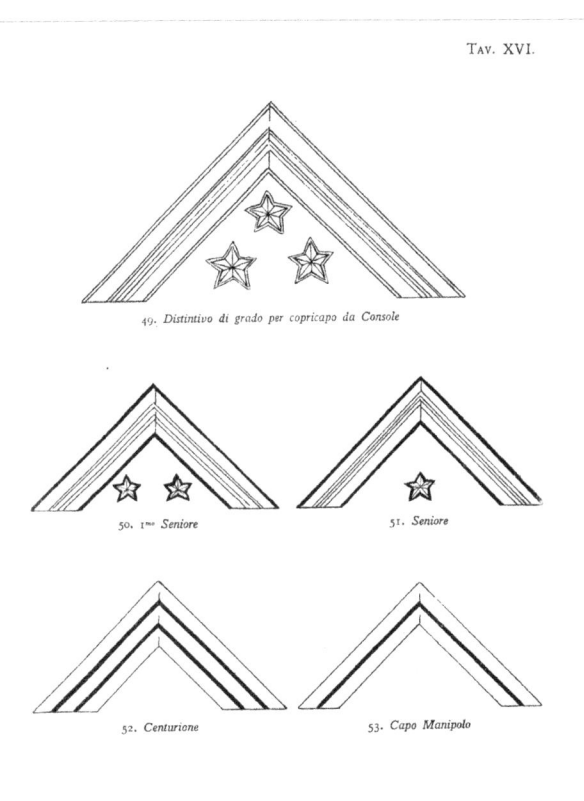
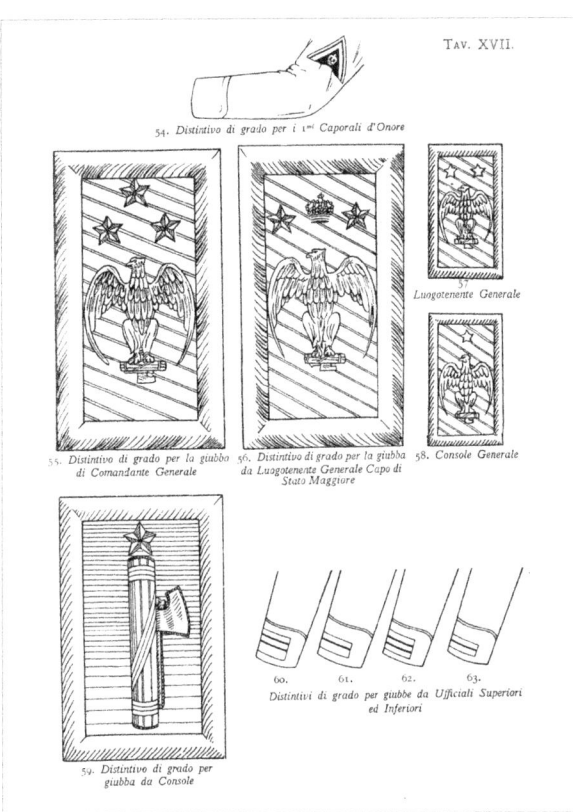
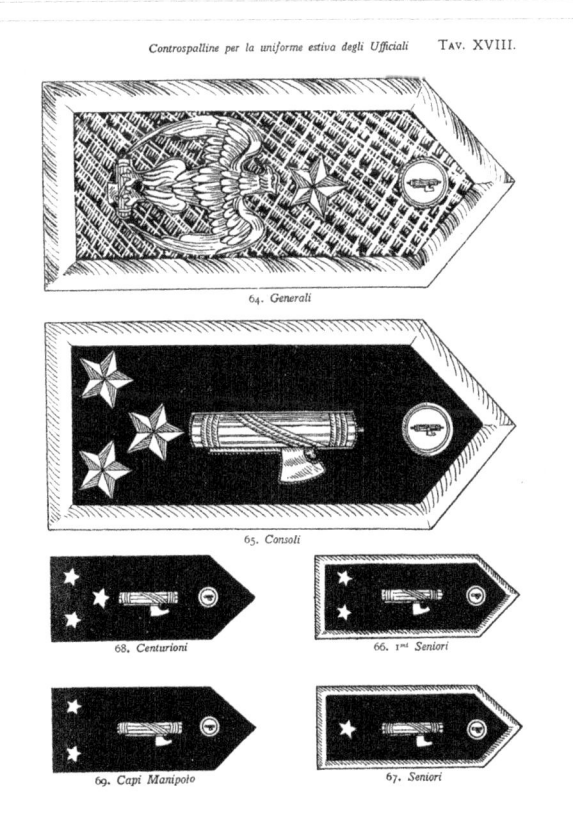
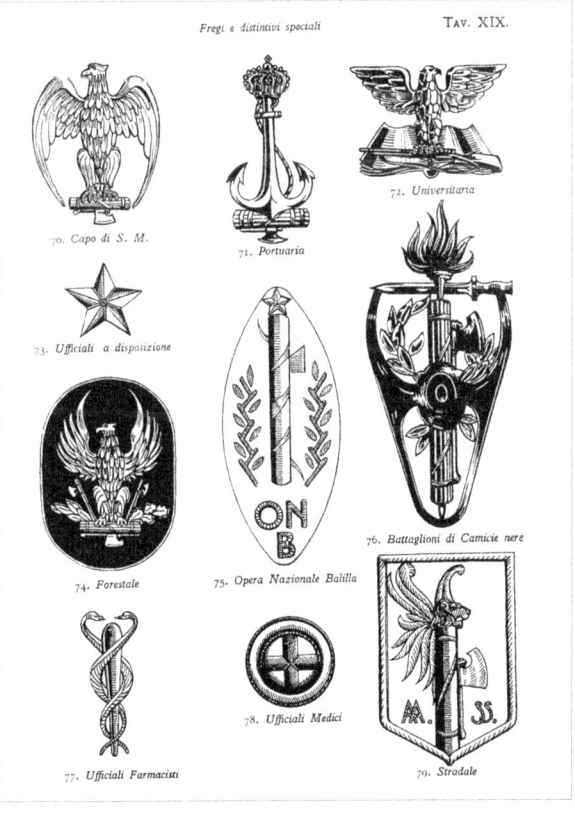

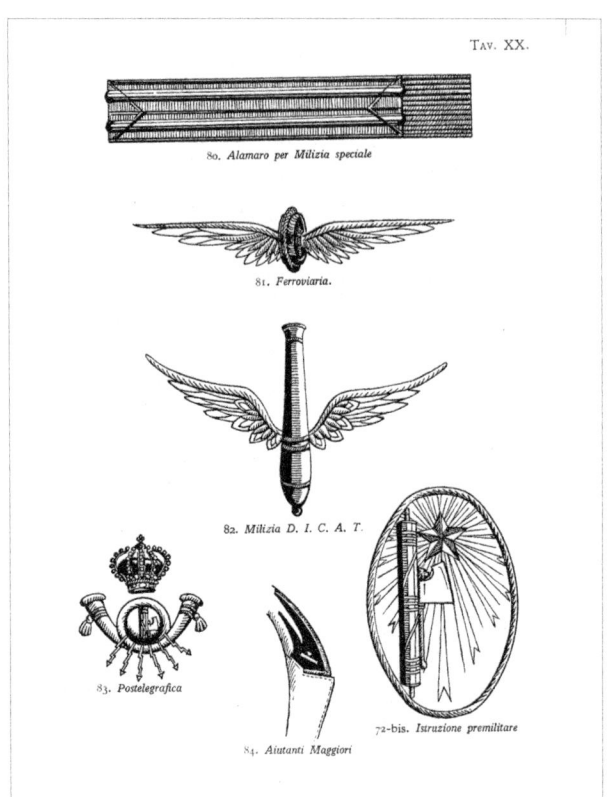

Tav. XX.

80. Alamaro per Milizia speciale
81. Ferroviaria.
82. Milizia D. I. C. A. T.
83. Postelegrafica
84. Aiutanti Maggiori
72-bis. Istruzione premilitare

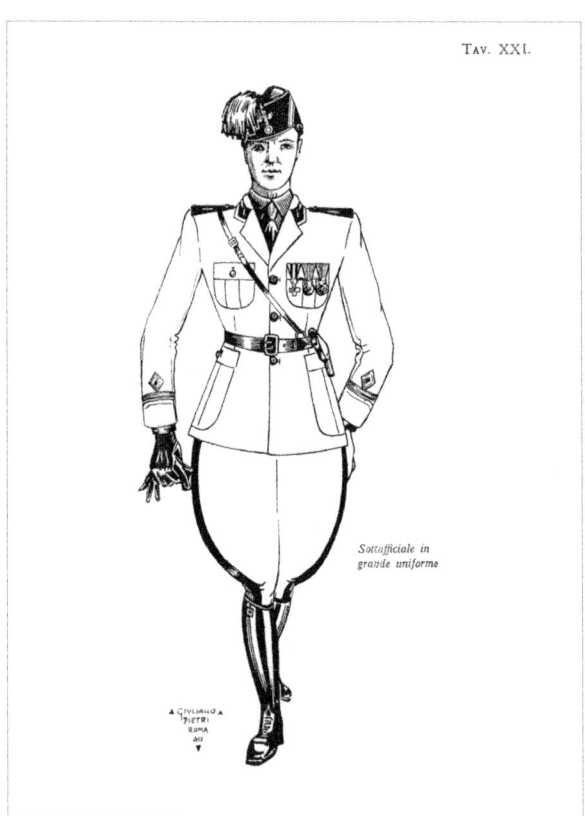

Tav. XXI.

Sottufficiale in grande uniforme

Tav. XXII.

Sottufficiale in uniforme estivo

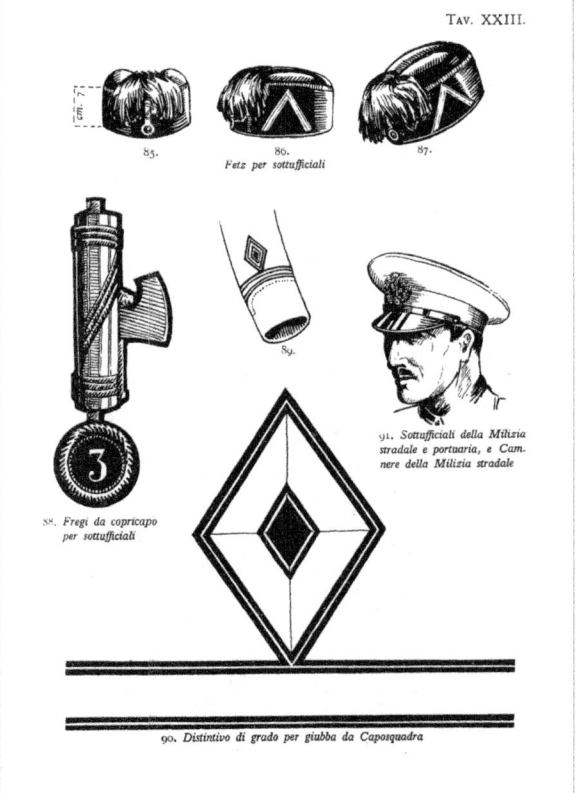

Tav. XXIII.

85.
86. Fetz per sottufficiali
87.
88. Fregi da copricapo per sottufficiali
89.
91. Sottufficiali della Milizia stradale e portuaria, e Camicie nere della Milizia stradale
90. Distintivo di grado per giubba da Caposquadra

Tav. XXIV.

92. Controspalline da grande uniforme per sottufficiali

93. Camicia nera da sottufficiali e truppa

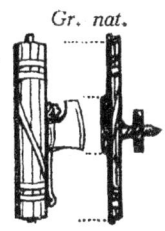

94. Fascetti in metallo per Ufficiali e sottufficiali

Bottone in metallo dorato. Per l'uniforme bianca degli Ufficiali e g. v. dei sottufficiali della Milizia ordinaria

95. Pantaloni per sottufficiale

97. Particolare banda sottufficiali

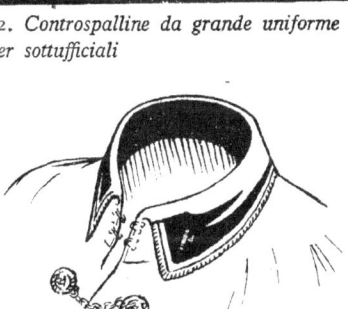

96. Mantellina da sottufficiale con distintivi di grado

Tav. XXV.

Camicia nera in uniforme ordinaria

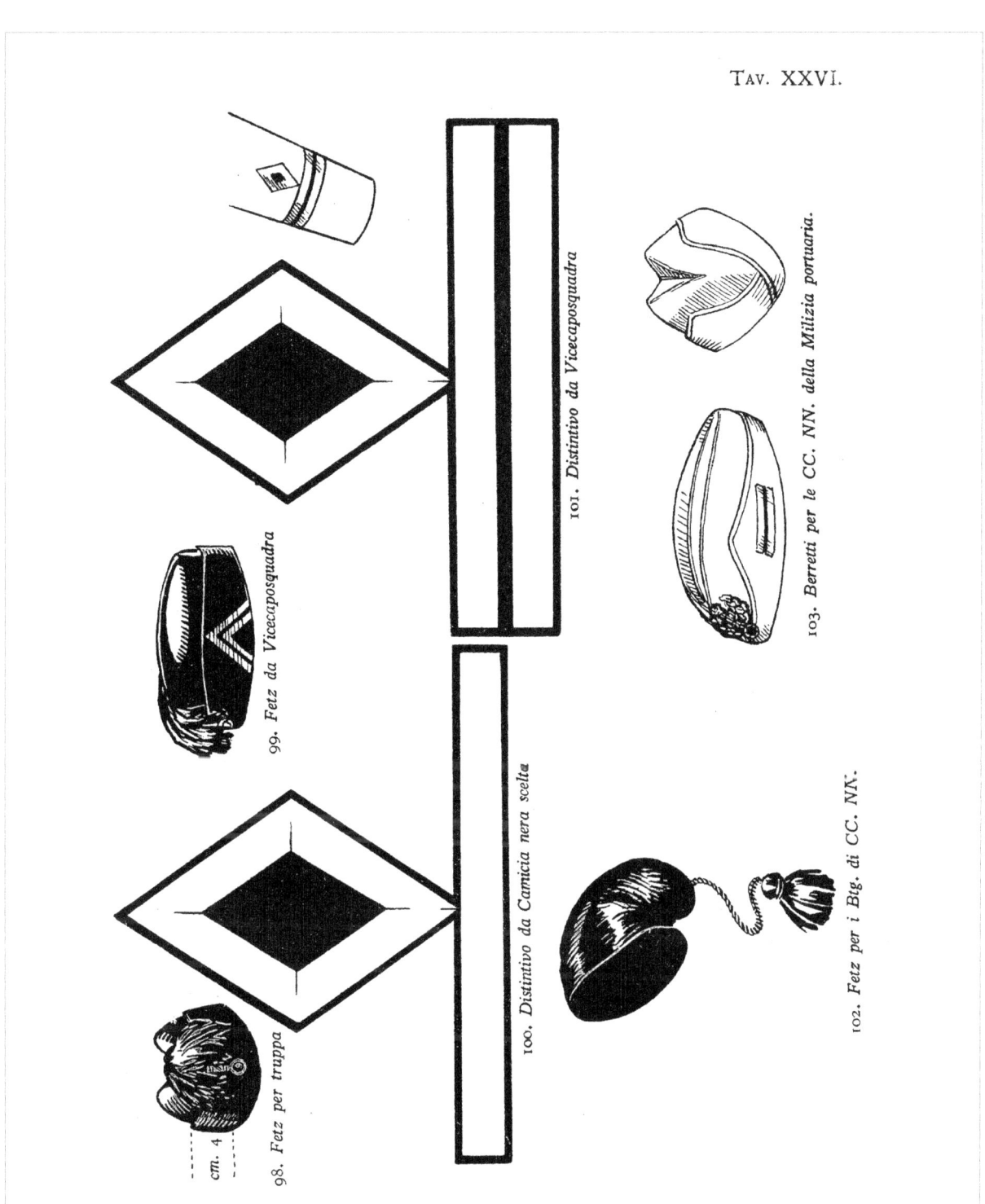

Tav. XXVII.

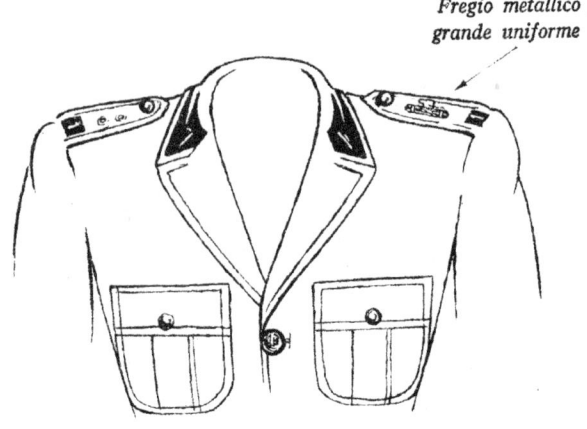

Fregio metallico per grande uniforme

104. *Giubba per truppa*

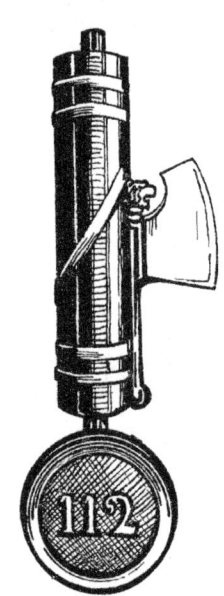

105. *Fregio metallico da copricapo per truppa*

106. *Pantaloni per truppa*

107. *Particolare delle bande da pantaloni per truppa*

mm. 10

REGOLAMENTO 1935
REGOLAMENTO SULL'UNIFORME
VOLUME I - UFFICIALI

**PRESIDENZA DEL CONSIGLIO DEI MINISTRI
COMANDO GENERALE DELLA M. V. S. N.**

E' approvato il presente Regolamento sull'uniforme (volume I° Ufficiali) che sostituisce quello pubblicato in data 3 luglio 1931 - IX.
      Roma, I giugno 1935 - XIII.

IL CAPO DEL GOVERNO
COMANDANTE LA M. V. S. N.
MUSSOLINI.

PARTE I

UFFICIALI DELLA MILIZIA ORDINARIA E DELLE SPECIALITÀ IN S.P E. E NEI QUADRI

CAPITOLO I.

VARIE SPECIE DI UNIFORMI [1]

1. - UNIFORME ORDINARIA (Tav. N. I) comprende:
   a)   Copricapo:
        Fez
        Berretto: Milizia ferroviaria;
           "   postelegrafica;
           "   portuaria;
           "   stradale;
        Ufficiali dell'O.N.B. addetti ai reparti marinari.

Cappello alpino: Legioni di Milizia ordinaria e D.I.C.A.T. di frontiera;
       Milizia forestale;
       Milizia universitaria;
       Milizia confinaria;
       Reparti autonomi delle colonie di confino di Ponza e Lipari;
       Reparti motociclisti e personale addetto ai servizi automobilistici;
       Ufficiali dell'O.N.B. addetti ai reparti avanguardisti.

b)   Giubba di panno g. v.
con cinturino della stessa stoffa e con nastrini di decorazioni;

c)   Camicia nera

d)   Cravatta nera

e)   Pantaloni corti g. v.
lunghi g. v. con risvolto: Ufficiali della Milizia portuaria [1] e Ufficiali dell'O.N.B. addetti ai reparti marinari;

f)   Stivali o gambali di cuoio nero
di cuoio color naturale: Milizia forestale;
scarpe nere basse, con calze nere: Ufficiali della Milizia portuaria [2] e Ufficiali dell'O.N.B. addetti ai reparti marinari;

g)   Pugnale con fodero brunito
pugnale speciale: Ufficiali della Milizia confinaria;

h.)   Dragona di seta nera

i)   guanti: neri
bianchi: Ufficiali dell'O.N.B.;

l)   Sciarpa [3]

m)   Speroni [4]

PRESCRIZIONI PER L'USO:

Questa uniforme si indossa negli ordinari servizi esterni e di caserma, negli uffici e fuori servizio, sempre quando non sia prescritta altra uniforme.

2. UNIFORME DI MARCIA (Tav. N. II, figg. 1 e 3) comprende:

a)   Elmetto metallico [5]
Casco: Milizia stradale e reparti motociclisti [6];

b)   Giubba di panno g. v. con nastrini di decorazioni e senza cinturino di stoffa;
con cinturino di stoffa: Milizia ferroviaria;
       " postelegrafica;
       " portuaria;
       " forestale;
       " stradale;

c)   Camicia nera

d)   Cravatta nera

---

(1) Gli oggetti di corredo, di armamento e di equipaggiamento sono stampati in grassetto, salvo le eccezioni per le specialità, che sono stampate in corsivo.

(2) L'uso dei pantaloni lunghi g. v. per gli ufficiali della Milizia portuaria è limitato al servizio d'istituto sulle banchine dei porti.

(3) Portano la sciarpa, con qualsiasi uniforme, gli Ufficiali in servizio di picchetto alla caserma o di guardia agli alloggiamenti, quelli di servizio ai Comandi di stazione di M.V.S.N. e quelli in accompagnamento degli Ufficiali generali. Gli Ufficiali di S. M. e quelli a disposizione degli Ufficiali generali o facenti funzione, portano la sciarpa dalla spalla sinistra al fianco destro.

(4) Portano gli speroni con le sole uniformi g. v. con stivali o gambali: gli Ufficiali generali e superiori, gli Ufficiali in servizio di S. M. e quelli a disposizione dei generali, gli Aiutanti maggiori di Legione e di Coorte di Milizia, gli Ufficiali inferiori della Milizia forestale e quelli della squadra ippica.

(5) Nei servizi isolati o quando sia stabilito da speciali ordini, gli Ufficiali portano il fez od il copricapo della specialità e quelli della M.D.I.C.A.T. e da Cos. il cappello alpino.

(6) L'uso del casco è disciplinato dai comandanti della Milizia stradale e di motociclisti in relazione alle condizioni delle strade.

e) Pantaloni corti g. v.
f) Stivali o gambali di cuoio nero o calzature di marcia; *di cuoio color naturale*: Milizia forestale;
g) Cinturone
    bandoliera: Milizia ferroviaria;
        "   postelegrafica;
        "   portuaria;
        "   forestale;
        "   stradale;
h) Pistola
i) Pugnale con fodero brunito
    pugnale speciale: Ufficiali dei reparti mutilati; Ufficiali della Milizia confinaria;
l) Dragona di seta nera
m) guanti: neri
    bianchi: Ufficiali dell'O.N.B.;

PRESCRIZIONI PER L'USO:
Questa uniforme si indossa:
nelle istruzioni ed esercitazioni di campagna;
nei servizi di ordine pubblico e sempre quando sia stabilito da speciali ordini.

3. UNIFORME DI MARCIA ESTIVA (Tavola N. II, fig.2)
È come l'uniforme normale di marcia, salvo le seguenti varianti:
a) Non viene indossata la giubba di panno g. v.;
b) La camicia nera porta sul petto i distintivi di grado; è senza cravatta ed aperta al collo;
c) Fascia nera alla cintola.

PRESCRIZIONI PER L'USO:
Si può indossare dal 1° giugno al 15 settembre, secondo le condizioni del tempo ed esclusivamente sotto le armi.

4. GRANDE UNIFORME MILITARE (Tavola N. III, fig. 1). - Comprende:
a) Fez per tutti.
    sotto le armi: elmetto o copricapo speciale [1];
b) Giubba di panno g. v.
    senza cinturino della stessa stoffa e con decorazioni;
c) Spalline
d) Camicia nera
e) Cravatta nera
f) Pantaloni corti g. v.
    pantaloni lunghi g. v. con risvolto: Ufficiali dell'O.N.B. addetti ai reparti marinari;
g) Stivali o gambali di cuoio nero; *di cuoio color naturale*: Milizia forestale;
    scarpe nere basse con calze nere: Ufficiali dell'O.N.B. addetti ai reparti marinari;
h) Sciarpa
i) Cinturino dorato
l) Pugnale con fodero nichelato
    pugnale speciale: Ufficiali della Milizia confinaria; Ufficiali dei reparti mutilati;
m) Dragona dorata
n) guanti: neri; *bianchi*: Ufficiali dell'O.N.B.

---

[1] Salvo il caso di particolari ordini.

PRESCRIZIONI PER L'USO:

a) *Come uniforme della giornata nelle seguenti solennità militari e nazionali:*
-genetliaco delle LL. MM. il Re e la Regina, e di S. A. R. il Principe Ereditario;
-celebrazione dello Statuto;
-anniversario della Marcia su Roma (28 ottobre);
-anniversario della Vittoria (4 novembre);
-anniversario della fondazione dei Fasci Italiani di Combattimento (23 marzo);
-Natale di Roma (21 aprile);
-anniversario della fondazione della Milizia (1° febbraio).

b) *Nei seguenti servizi:*
nelle presentazioni alle LL. MM. il Re e la Regina, ai Reali Principi ed al Duce;
nelle funzioni del giuramento;
nelle cerimonie di inaugurazione di lapidi e monumenti ai Caduti in guerra;
nelle riviste, sia sotto le armi che come spettatori, quando non sia diversamente disposto;
nelle guardie, picchetti e scorte d'onore; facendo parte di un tribunale militare o di un consiglio di disciplina, o comparendo dinanzi ad essi; nelle funzioni funebri di carattere militare od in seguito a speciali ordini;
nelle visite di dovere che gli ufficiali nuovi promossi o trasferiti devono fare al proprio comandante di corpo o capo servizio ed agli ufficiali generali da cui il corpo o servizio stesso dipende;
in quegli altri servizi in cui fosse espressamente ordinato.

5. UNIFORME NERA DA VISITA (Tav. N. IV, fig. 3):
a) Fez
b) Giubba di panno nero
con controspalline della stessa stoffa;
c) Nastrini di decorazioni di dimensioni ridotte;
d) Camicia nera
e) Cravatta nera
f) Pantaloni lunghi di panno nero
g) Stivalini interi di pelle lucida
h) Guanti bianchi.

PRESCRIZIONI PER L'USO:
Questa uniforme si indossa dopo il servizio pomeridiano, nei soli casi in cui per i civili è di prescrizione l'abito da visita.
È obbligatoria per gli Ufficiali Generali e Consoli in s.p.e., facoltativa per tutti gli altri.
Gli Ufficiali che non ne sono provvisti indosseranno in sostituzione l'uniforme g. v. con pantaloni lunghi con sottopiede e con le bande e filettature stabilite per le singole specialità e ruoli.

6. UNIFORME NERA DA SERA SENZA DECORAZIONI (Tav. N. IV, fig. 2). - Come l'uniforme da visita, salvo le seguenti varianti:
a) Spalline
b) Cinturino dorato
c) Pugnale con fodero nichelato
d) Dragona dorata.

PRESCRIZIONI PER L'USO:

Questa uniforme si indossa quando per i civili è di prescrizione l'abito da sera.

Gli Ufficiali per cui non è obbligatoria l'uniforme nera, indossano la grande uniforme militare con pantaloni lunghi, senza sciarpa e senza decorazioni.

7. GRANDE UNIFORME NERA (Tav. N. IV, fig. 1). - Come la precedente aggiungendo:
a)   Sciarpa
b)   Decorazioni di dimensioni ridotte.

PRESCRIZIONI PER L'USO:

Questa uniforme si indossa nelle cerimonie alle quali intervengano persone della Reale Famiglia o il Duce, e quando per i civili è di prescrizione l'abito da sera con decorazioni.

Per gli Ufficiali, per cui non è obbligatoria l'uniforme nera, valgono le stesse modalità stabilite per l'uniforme nera da sera con l'aggiunta della sciarpa e delle decorazioni.

8. UNIFORME ORDINARIA ESTIVA (Tavola N. III, fig. 3):

a) *fez*
  berretto di tela bianca tipo Esercito:
  Milizia ferroviaria;
  "   postelegrafica;
  "   portuaria;
  "   stradale;
  Uff. dell'O.N.B. addetti a1 reparti marinari.

b) Giubba bianca
  con nastrini di decorazioni e controspalline di panno nero;

c)   Camicia nera
d)   Cravatta nera
e)   Pantaloni bianchi lunghi con risvolto
f)   Scarpe basse bianche
g)   Calze bianche
h)   Guanti bianchi.

PRESCRIZIONI PER L'USO:

Questa uniforme può essere indossata, in sostituzione dell'uniforme ordinaria g. v. (eccetto nei casi in cui l'Ufficiale debba assumere comando o svolgere istruzioni ai reparti, oppure sia comandato ai servizi interni di caserma), e dell'uniforme nera da visita, nel periodo dal 1° giugno al 15 settembre, salvo diverse disposizioni.

9. GRANDE UNIFORME ESTIVA (Tav. N. III, fig. 2). - Comprende, in aggiunta agli oggetti dell'uniforme ordinaria estiva:
a)   Decorazioni
b)   Sciarpa.

PRESCRIZIONI PER L'USO:

Questa uniforme può essere indossata, in sostituzione della grande uniforme militare, dell'uniforme nera da sera senza decorazioni e della grande uniforme nera, con analoghi criteri a quelli indicati per l'uniforme estiva normale.

CAPITOLO II
DESCRIZIONE DEI PARTICOLARI DI UNIFORME [1].

1. ARMAMENTO. - L'ufficiale in uniforme è sempre armato di pugnale, salvo quando indossa l'uniforme nera da visita, l'uniforme ordinaria estiva e la grande uniforme estiva. È armato anche di pistola nell'uniforme di marcia.

I vari tipi di pugnale risultano dalla tav. N. XXIV e la pistola è del modello Beretta o tipi similari.

2. BANDOLIERA. - È di cuoio color naturale, ha due sole cartucciere sulla parte anteriore ed una campanella terminale per appendervi la pistola; si porta a tracolla sulla spalla sinistra, sotto la controspallina, in modo che gli alloggiamenti delle cartucce vengano a risultare sul petto.

Indossando il cappotto g. v. si porta sopra di esso; non si porta col cappotto nero.

3. BOTTONI. - Sono dorati per tutti e portano in rilievo i fregi caratteristici per ogni specialità (vedi Tavola N. XXII). Sono di due grandezze:
1°) per l'apertura anteriore delle giubbe e dei cappotti.
2°) per le tasche delle giubbe g. v., per il berretto e cappello, per l'apertura posteriore dei cappotti, per le controspalline e per le spalline.

4. CALZATURE. - La calzatura normale degli Ufficiali della M. V. S. N. è costituita dagli stivali, alti fino a circa cm. 10 dal ginocchio, con gambale semirigido, che siano di pratico e comodo uso a piedi come a cavallo.

Sono di cuoio nero, salvo che per gli Ufficiali della Milizia forestale per i quali sono di cuoio color naturale. Con l'uniforme nera sono prescritti gli stivalini di cuoio lucido e con l'uniforme estiva le scarpe basse di pelle scamosciata bianca.

È consentito, in sostituzione degli stivali, l'uso di gambali, di fasce gambiere e di scarpe alpine quando le circostanze lo consiglino.

5. CAMICIA NERA. - È di tela o di seta nera, ha due taschini con piega doppia centrale e lembo copritasca con bottone nero; ha polsini chiusi con bottoni gemelli, colletto floscio rovesciato e controspalline della stessa stoffa. Nella sola uniforme di marcia la camicia nera può essere sostituita da un maglione di lana nera con colletto rovesciato.

6. CINTURINO DI PARATA (Tav. N. XXIII).

È costituito da una cintura di cuoio alta mm. 42, coperta di un gallone dorato con una striscia centrale di seta nera cordonata, di mm. 17.

Si allaccia sul davanti con una placca, di mm. 50 x 40, di metallo dorato, che raffigura l'aquila romana poggiante sul fascio littorio, contornata di frasca di alloro.

Il cinturino ha inoltre tre passanti larghi mm. 10, dello stesso gallone dorato, per regolarne la larghezza e per appendervi il pugnale.

7. CINTURONE. - È di cuoio color marrone scuro, della larghezza di cm. 5-6 con fibbia anteriore in ottone e tracolla larga mm. 25 che viene passata sotto la controspallina destra della giubba o del pastrano g. v.

Il cinturone porta mediante appositi passanti la pistola sulla destra ed il pugnale sulla sinistra.

---

(1) Gli oggetti di vestiario ed equipaggiamento sono elencati in ordine alfabetico.

8. CONTROSPALLINE (Tav. N. XVII e XVIII).

Sono di panno, della forma rappresentata nelle tavole, larghe alla base cm. 5,50 e lunghe in modo che internamente lambiscano il bavero della giubba ed esternamente non sorpassino la spalla.

Sono foderate e filettate con panno del colore stabilito e portano al centro il fregio indicato dalle Tavole VIII, IX, X, XI, XII, contornato da una piccola filettatura di mm. 0,5 dello stesso colore: sono assicurate alla spalla mediante una linguetta ed un passante e con un bottoncino dorato dalla parte interna.

Le controspalline per l'uniforme nera da visita, uniforme ordinaria estiva, grande uniforme estiva e cappotto nero del 1° Caporale d'onore, dei Caporali d'onore e degli Ufficiali generali e quelle di tutte le uniformi degli Ufficiali superiori sono contornate da un bordino di mm. 4 ricamato in oro, aderente alla filettatura. Le controspalline sono:

    a)   di tessuto d'argento per tutte le uniformi del I° Caporale d'onore, dei Caporali d'onore e degli Ufficiali generali;

    b)   di tessuto diagonale g. v. per l'uniforme g. v. degli Ufficiali superiori e inferiori;

    c)   di panno nero per l'uniforme nera da visita, l'uniforme ordinaria estiva, la grande uniforme estiva e il cappotto nero degli Ufficiali superiori e inferiori..

Le controspalline per l'uniforme g. v. non portano distintivi di grado, mentre quelle per le altre uniformi li portano.

Nelle uniformi estive le controspalline sono, per tutti foderate di stoffa bianca.

9. COPRICAPO (Tav. N. VII):

    a)   Berretto (fig. N. 4)

è di foggia uguale a quella stabilita per gli Ufficiali del R. Esercito, di stoffa diagonale g. v. per l'uniforme g. v., di tela bianca per l'uniforme estiva;

    b)   Cappello alpino (fig. N. 3)

è di foggia uguale a quella prescritta per gli Ufficiali delle truppe da montagna del R. Esercito, senza nappina, nè penna, salvo la Milizia forestale che porta la sola nappina. Porta sul lato sinistro i distintivi di grado. (Tavola N. XIII).

Ha la fascia e l'orlatura della tesa di seta nera.

La trecciola è costituita da un cordoncino di:

seta rossa per il I° Caporale d'onore e i Caporali d'onore;

tessuto dorato per gli Ufficiali generali;

tessuto intrecciato in oro e nero per gli Ufficiali superiori;

seta nera per gli Ufficiali inferiori;

    c)   Casco (fig. N. 5)

è di cuoio nero e non porta fregi nè distintivi di grado [1];

    d)   Elmetto (fig. N. 1)

è di lamierino di acciaio, uguale a quello prescritto per il R. Esercito, ma verniciato in nero; ha fregio verniciato in color oro ed è senza distintivi di grado.

Nella grande uniforme l'elmetto del solo Comandante Generale è guarnito di un pennacchio bianco di airone applicato sul lato sinistro.

    e)   Fez (fig. N. 2)

è di feltro nero a forma di calotta, con spacco al centro e leggermente incurvato nel senso longitudinale, con risvolto esterno alto circa 9 cm. e orlato con nastro di seta nera alto 15 mm. Porta anteriormente il fregio (vedi Tav. N. VIII, IX, X, XI, XII) e sul lato sinistro i distintivi di grado (Tav. N. XIII).

Sullo spacco della calotta sono fissati:

---

[1] Per la Milizia della strada è in cuoio color naturale e porta il fregio in metallo dorato.

un fiocco di seta nera che scende obliquamente dalla parte anteriore del copricapo, verso destra, fino al margine inferiore senza sorpassarlo;

un cordoncino che scende ad arco sul lato destro del risvolto, intrecciandosi a metà a nodo di Savoia.

Detto cordoncino è:
di seta rossa per il I° Caporale d'onore e Caporali d'onore;
di tessuto dorato per gli Ufficiali generali;
di tessuto intrecciato in oro e nero per gli Ufficiali superiori;
di seta nera per gli Ufficiali inferiori.

Il Comandante Generale porta sul fez, nella grande uniforme, un pennacchio bianco di airone, fissato al di sopra del fregio.

10. CRAVATTA. - È di seta nera opaca a nodo lungo.

Solo quando la camicia nera è sostituita dal maglione di lana, anche la cravatta è di lana nera.

11. DECORAZIONI E NASTRINI DI DECORAZIONI. - Le decorazioni ed i nastrini si applicano soltanto sulla giubba, sulla parte sinistra del petto tra la cucitura della manica e la bottoniera, sopra il taschino, in una o più file sovrapposte.

L'ordine di precedenza delle decorazioni è il seguente:

1 -Ordine Supremo della SS. Annunziata;
2 -Decorazioni dell'Ordine Militare di Savoia;
3 - Medaglia d'oro al valor militare, al valore di marina e al valore aeronautico;
4 - Medaglia d'argento al valor militare, al valore di marina e al valore aeronautico;
5 - Medaglia di bronzo al valor militare, al valore di marina e al valore aeronautico;
6 - Croce di guerra al valor militare:
7 - Decorazione dell'Ordine dei SS. Maurizio e Lazzaro;
8 - Decorazione dell'Ordine civile di Savoia;
9 - Medaglia d'oro, d'argento e di bronzo al valor civile:
10 - Medaglia commemorativa dell'Indipendenza e l'Unità d'Italia;
11 - Decorazione dell'Ordine della Corona d'Italia;
12 - Medaglia per i benemeriti della salute pubblica;
13 - Medaglia a ricordo della campagna d'Africa;
14 - Croce per anzianità di servizio;
15 - Decorazione dell'Ordine al merito del lavoro;
16 - Medaglia commemorativa della campagna dell'Estremo Oriente;
17 - Medaglia d'onore per lunga navigazione;
18 - Medaglia militare aeronautica di lunga navigazione aerea;
19 - Medaglia commemorativa della guerra italo-turca 1911-1912 e della campagna di "Libia ";
20 - Decorazione dell'Ordine Coloniale della "Stella d'Italia ";
21 - Medaglia al merito della sanità pubblica;
22 - Croce al merito di guerra;
23 - Medaglia commemorativa nazionale della guerra 1915-1918;
24 - Medaglia a ricordo dell'Unità d'Italia;
25 - Medaglia di benemerenza per i volontari della guerra italo-austriaca 1915-1918;
26 - Medaglia commemorativa della Marcia su Roma;
27 - Croce per anzianità di servizio nella M. V. S. N.
28 - Medaglia commemorativa della spedizione di Fiume;

È consentito l'uso della medaglia di benemerenza veterani e reduci delle campagne nazionali e coloniali soltanto nelle occasioni in cui il militare sia chiamato a compiere il suo turno di guardia di onore alle Tombe Reali al Pantheon.

In speciali circostanze, quando si rende onore a persona od a fatti di una determinata nazione straniera, potranno le autorità militari prescrivere che sia, in via temporanea, fatto uso delle decorazioni di quella determinata Nazione.

Chi possiede diverse onorificenze cavalleresche dello stesso Ordine equestre deve portare solamente quella di grado più elevato.

I nastrini delle decorazioni dell'Ordine Militare di Savoia:
- hanno nella loro parte mediana una corona reale d'argento o d'oro, rispettivamente per i gradi di Ufficiale e di Commendatore;
- hanno due corone reali d'oro per il grado di Grande Ufficiale;
- hanno tre corone reali d'oro per il grado di cavaliere di Gran Croce.

Chi ha più di una commenda deve portarne una sola e cioè quella dell'ordine equestre più importante.

Chi ha più di una fascia di Gran Croce porta solo quella dell'ordine equestre più importante o quella che può essere consigliata da particolari ragioni di opportunità.

La croce al merito di guerra, anche se ripetuta, è sempre rappresentata da un'unica decorazione e da un unico nastrino; solo si appone sul relativo nastro, o nastrino, una corona reale di bronzo nel mezzo o due laterali, secondo che si tratta di una seconda o terza concessione.

La croce di guerra al valor militare ha sul nastro o nastrino uno speciale distintivo di bronzo costituito da una spada intorno alla quale è intrecciato un ramo di alloro; al numero delle concessioni devono corrispondere altrettante decorazioni.

11. DRAGONE (Tav. N. XXIV)

a) Dragona d'oro (figg. N. 2 e 3)

si porta annodata alla crociera del pugnale, è lunga cm. 30, formata da un cordone tubolare di circa mm. 5 con nodo al centro e terminante con fiocco di canotiglia chiuso; per il I° Caporale d'onore, i Caporali d'onore e gli Ufficiali generali il cordone è tutto di tessuto dorato, mentre per tutti gli altri Ufficiali è di tessuto intrecciato d'oro e nero.

b) Dragona di seta nera (fig. N. 1)

è della stessa forma e dimensioni della precedente ma di seta nera di tipo unico per tutti gli Ufficiali.

12. - FASCETTI. - Sono di metallo dorato o ricamati, delle dimensioni di mm. 28 x 4.

Sulla camicia nera dell'uniforme estiva di marcia portano i fascetti solamente: il Duce, ricamati in oro; il Segretario del Partito Nazionale Fascista e il Capo di S.M. della Milizia, in argento.

13. - GIUBBE:

a) Giubba di panno diagonale g. v.

è aperta sul davanti, ha una bottoniera centrale esterna con quattro bottoni metallici.

Ha quattro tasche applicate esternamente con lembo copritasca sagomato e con asola per il passaggio di un bottoncino.

Le tasche superiori hanno al centro una doppia piega di circa mm. 30.

Le tasche inferiori sono a soffietto senza doppia piega e di larghezza proporzionatamente maggiore di quelle superiori.

Fra il terzo ed il quarto bottone è situato il cinturino alto circa mm. 40, della stessa stoffa della giubba, che è assicurato ai fianchi da due passanti di panno ed allacciato sul davanti con fibbia semplice di metallo ossidato. Sul bavero porta le fiamme di panno nero (o bianco per l'O.N.B.) e i fascetti con le scuri rivolte esternamente.

Le fiamme sono della stessa larghezza del bavero e terminano con due punte di differente lunghezza, di mm. 100 quella interna e di mm. 140 quella esterna: per le specialità sono contornate da una filettatura esterna di mm. 1 del colore prescritto.

Le manopole, alte da 60 a 90 mm. secondo la statura dell'Ufficiale, sono superiormente delimitate da una filettatura di panno sporgente di mm. 3 del colore stabilito.

Le controspalline sono quelle descritte a pag. 14.

b) Giubba di panno nero

è a due petti con bavero aperto su cui si applicano: le fiamme di velluto nero (filettate per le specialità), bianche per gli Ufficiali dell'O.N.B. È chiusa da una doppia fila di quattro bottoni dorati, leggermente divergente verso le spalle: i due bottoni inferiori corrispondono all'altezza della vita.

Ha le controspalline che si sostituiscono con le spalline di metallo nella uniforme nera da sera e nella grande uniforme nera.

Le maniche hanno un paramano alto 60-80 mm. con tre bottoncini dorati alla finta chiusura.

c) Giubba bianca

è di tela di lino, di cotone o di seta, ad un petto, con quattro tasche orlate con alamari ed è chiusa con quattro bottoni dorati amovibili: è senza fiamme e con soli fascetti metallici, pure amovibili: porta le controspalline.

15. -PANTALONI:

a) Pantaloni g. v. corti

sono di tessuto di lana diagonale dello stesso colore della giubba, ampi alle anche ed alle coscie e stretti al ginocchio, possano essere muniti di topponi purché siano di panno dello stesso colore.

Hanno, lungo la cucitura esterna, una doppia banda formata da due striscie di panno nero (bianco per gli Ufficiali dell'O.N.B.) di mm. 20 ognuna e separate da una filettatura di mm. 2, d'argento, per gli Ufficiali generali, dei colori prescritti, per gli Ufficiali superiori ed inferiori delle specialità, e grigioverde per tutti rli altri;

b) Pantaloni g. v. lunghi

sono dello stesso tessuto e colore della giubba g. v. Hanno in fondo un risvolto alto mm. 30-40. Non hanno bande;

c) Pantaloni g. v. lunghi con sottopiede sono di stoffa uguale ai precedenti, ma provvisti di bande e sottopiedi con fibbie.

Non hanno risvolto.

d) Pantaloni neri lunghi

sono dello stesso tessuto della giubba nera e della stessa foggia dei pantaloni g. v. lunghi con sottopiede. Hanno sottopiede elastico nero senza fibbie e doppia banda di seta nera con filettatura di panno nero per tutti, ad eccezione degli Ufficiali generali per i quali il filetto è dorato. Gli Ufficiali dell'O.N.B. hanno la doppia banda di panno bianco con filetto centrale nero.

e) Pantaloni lunghi di tela bianca

sono dello stesso tessuto della giubba di tela bianca e della stessa foggia dei pantaloni g. v. lunghi con risvolto.

Non hanno bande.

16. - PENNACCHIO BIANCO PER COMANDANTE GENERALE. – È formato di penne di airone lunghe circa cm. 30.

Il pennacchio termina con un gambo metallico che serve a fissarlo nell'apposito incastro del copricapo.

Si applica all'elmetto mediante una nappina speciale, con tulipa, che viene fissata sulla sinistra dell'elmetto stesso.

Sul fez si applica sul davanti, nell'apposito incastro, fra il risvolto e la calotta.

17. - PUGNALI (Tav. N. XXIV)

a) Pugnale d'ordinanza (figg. N. 1, 2, 3)

è costituito da una lama d'acciaio nichelata con impugnatura di metallo bianco e guancette di "avorio", per il 1° Caporale d'onore, i Caporali d'onore e gli Ufficiali generali; di "bachelite nera", per gli altri Ufficiali. È fornito di due guaine: una brunita ed una nichelata.

Si porta appeso al cinturino di stoffa, a quello dorato o al cinturone di cuoio, in modo che rimanga naturalmente pendente al centro della tasca inferiore sinistra della giubba;

b) Pugnale speciale dei mutilati (fig. N. 4)

ha l'impugnatura completamente di bronzo ed un'unica guaina brunita con passante metallico che serve per infilare il pugnale nel cinturino o cinturone;

c) Pugnale degli Ufficiali della Milizia confinaria (fig. N. 6)

ha l'impugnatura completamente nera e una sola guaina brunita. Si porta come il precedente.

18. - SCIARPA. - È uguale a quella prescritta per il R. Esercito.

19. - SOPRABITI.

a) Cappotto nero (Tav. N. V)

è di castorino nero, a due petti con doppia bottoniera di sei bottoni dorati divergente dal basso in alto: i due bottoni inferiori sono poco al di sotto della vita, i due superiori ai margini delle spalle.

Ha le controspalline di panno e paramani non rovesciabili alti circa 15 cm. senza filettature.

Ha due tasche oblique con copritasca: in corrispondenza della tasca sinistra è praticato uno spacco per il passaggio del pugnale e, in grande uniforme, dei fiocchi della sciarpa.

Posteriormente ha un piegone a doppio cannello chiuso da bottoncini dorati piccoli nel senso della lunghezza e, all'altezza della vita, da una martingala senza bottoni larga circa cm. 6.

b) Cappotto di panno g. v. (Tav. N. VI)

il cappotto g. v. deve essere di dimensioni ampie che ne consentano il più pratico uso ed ha le seguenti caratteristiche:

- è a doppio petto col bavero munito di fiamme nere (bianche per gli Ufficiali dell'O. N. B.), filettate per le specialità; è aperto normalmente, ma chiudibile mediante ripiegamento dei risvolti inferiori del bavero;
- ha sul davanti sei bottoni grandi metallici dorati e posteriormente altri due sulla martingala che è provvista di asole per l'allargamento;
- non ha controspalline;
- ha i paramani rovesciabili ed i distintivi di grado sulle maniche al disopra di essi;
- ha in corrispondenza delle tasche due spacchi chiudibili con listello e con bottone di osso, per poter estrarre il pugnale e la pistola quando il cinturone è portato internamente sulla giubba;
- ha posteriormente un piegone centrale, chiuso con bottoni dorati piccoli, che consente l'allargamento quando necessario;
- la sua lunghezza deve essere proporzionata alla statura dell'Ufficiale, comunque, dovendo ben coprire ma lasciare indispensabile libertà di movimento, non deve mai restare al disopra degli stivali oltre 2 cm. nè scendere al disotto di essi più di 10 cm.

Si indossa nella stagione invernale, e sempre quando le condizioni climatiche lo richiedano, in qualunque stagione, per le esercitazioni di campagna o per speciali servizi.

c) Impermeabile

è di tessuto impermeabile nero, di taglio ampio (tipo raglan) con cintura alta cm. 5 della stessa stoffa e fibbia di metallo brunito.

Ha due tasche basse laterali a taglio verticale presso quella di sinistra ha uno spacco in corrispondenza dell'impugnatura del pugnale;

d) Spencer

è uguale a quello prescritto per gli Ufficiali del R. Esercito.

e) Giubbone

è di pelle nera con cinturino. Viene indossato solo per condurre automobili o motocicli.

20. - SPALLINE (Tav. N. XVIII). - Sono di lamina dorata e portano in metallo i fregi descritti e, quelle degli Ufficiali generali, superiori e inferiori, le stellette, distintivo di grado, pure in metallo dorato. Quelle del I° Caporale d'onore sono foderate di panno rosso sporgente mm. 2.

Hanno:

un bordino in oro di mm. 8 per il I Caporale 'd'onore, i Caporali d'onore e gli Ufficiali generali (figure N. I, 2, 3);

un bordino in oro di mm.4 per gli Ufficiali superiori (fig. N. 4);

sono senza bordino per gli Ufficiali inferiori (figura N. 5).

Sono tutte munite di linguetta e di bottone dorato a vite per applicarle sulle giubbe.

21. - SPERONI. - Si portano con gli stivali o i gambali; sono alla scudiera come quelli prescritti per il R. Esercito.

Non si portano sugli stivalini.

CAPITOLO III

DISTINTIVI, FREGI E FILETTATURE

1. - DISTINTIVI D'ONORE:

a) Distintivo di mutilato di guerra

è in argento, a forma di scudo; si applica sulla giubba immediatamente al di sotto dei nastrini di decorazioni, in corrispondenza del primo nastrino.

Con la grande uniforme si applica al disopra del nastro della prima decorazione;

b) Distintivo di ferita di guerra

è costituito da uno o più galloncini di oro, a seconda del numero delle concessioni, applicati alla manica destra della giubba, al disopra degli altri eventuali distintivi di carica;

c) Distintivo di promozione per merito di guerra

è costituito da una corona reale poggiante su due gladi romani. Esso è:

d'argento, se l'ufficiale conseguì la promozione a gradi di Ufficiale inferiore;

d'oro, se la promozione fu conseguita ai gradi di Ufficiale superiore;

d'oro su panno scarlatto, se la promozione fu conseguita ai gradi di Ufficiale generale.

Si porta immediatamente sopra i nastrini di decorazioni;

d) Distintivo di mutilato fascista

è costituito da un fascio dorato su scudo in smalto tricolore, sormontato da una fiamma rossa e con la scritta "Dolorando ardo".

Si porta sul lato sinistro del petto.

e) Distintivo di ferita fascista

è uguale a quello di ferita di guerra, ma ricamato in seta rossa; viene applicato nello stesso modo ed, eventualmente al disotto di esso.

f) Distintivo di mutilato per cause di servizio

si porta con le stesse modalità di quello di ferita di guerra;

g) Distintivo di ferita per cause di servizio

è uguale a quello di ferita di guerra ma in argento e viene applicato nello stesso modo.

h) **Distintivo di brevetto della scuola di guerra**

è costituito da una piccola aquila di metallo dorato sormontata dalla corona Reale. Si porta al disopra dei nastrini di decorazioni.

i) **Distintivo per ufficiali che rinunciano alla promozione per conservare il comando del proprio reparto.**

è costituito da:

1) una stelletta ricamata in oro da applicarsi, nella giubba g. v. e nel cappotto g. v., tra il distintivo di grado ed il paramano;

2) un filetto di 4 mm. ricamato in oro da applicarsi sul lato esterno delle controspalline delle uniformi nera e bianca e del cappotto nero;

3) una sbarretta dorata di mm. 4 in rilievo da applicare sulle spalline come detto nel comma precedente.

2. - DISTINTIVI SPECIALI DI CARICA E DI SERVIZIO (Tav. N. XX):

a) Ufficiali in servizio di S. M. (fig. N. 4)

portano sul tondino del fregio del copricapo una piccola aquila di metallo dorato: il fondo del tondino è di panno robbio per i capi di S. M. di raggruppamento, di ispettorato e di gruppo, e di velluto nero per gli altri Ufficiali in servizio di S. M.

Come fregio per controspalline di tutte le uniformi, sia per la Milizia ordinaria come per le specialità, gli Ufficiali in parola portano il solo tondino confezionato come sopra.

Sulle spalline il distintivo è di metallo dorato, con fondo pure dorato, tanto per i Capi di S. M. quanto per gli Ufficiali in servizio di S. M.;

b) Comandanti di corpo e capi di servizio

i consoli, primi seniori e seniori della Milizia ordinaria e delle specialità che sono comandanti di corpo e capi servizio, in seguito a designazione del Comando Generale della Milizia, portano i fregi del copricapo e delle controspalline ed i distintivi di grado su panno di color robbio.

Tale distintivo viene portato anche dai seniori del ruolo O.N.B. comandanti effettivi di Legione giovanile;

c) Ufficiali a disposizione degli Ufficiali generali conservano la completa uniforme del reparto di provenienza, portano in più una stelletta in oro in mezzo all'occhio dei distintivi di grado delle maniche della giubba g. v. e del cappotto g. v. ed al centro dalla parte esterna delle maniche, nelle uniformi nera ed estiva:

d) Ufficiali addetti ai comandi e servizi (fig. N. 5)

portano sul tondino del fregio del copricapo una crocetta in metallo dorato su fondo di velluto nero;

e) Ufficiali comandati presso la R. Marina

gli ufficiali della Milizia a disposizione della Regia Marina portano come speciale distintivo una piccola ancora di metallo dorato applicata nel tondino del fregio del copricapo;

f) Aiutanti Maggiori in 1° e 2° (fig. N. 3)

portano un filetto d'oro che contorna la parte anteriore del bavero della giubba, per la lunghezza delle fiamme;

g) Capimanipolo direttori di banda (fig. N. 1)

portano sulla manica sinistra della giubba di tutte le uniformi lo speciale distintivo ricamato in oro;

h) Capimanipolo maestri di scherma (fig. N. 2)

portano sulla manica sinistra della giubba di tutte le uniformi lo speciale distintivo ricamato in oro;

i) Ufficiali osservatori dall'aeroplano

portano lo speciale distintivo, stabilito per l'Esercito, in metallo dorato, sulla giubba di tutte le uniformi sopra le decorazioni;

j) Ufficiali osservatori dall'aerostato

portano lo speciale distintivo, stabilito per l'Esercito, in metallo dorato, sulla giubba di tutte le uniformi sopra le decorazioni;

3. - DISTINTIVI SPECIALI DI LEGIONE (Tavola N. XXI). - Si portano sulla giubba di tutte le uniformi sopra ed al centro della tasca destra e posto equivalente sulla giubba dell'uniforme nera:

a) 49ª LEG. (Venezia) Leone di S. Marco in metallo dorato su panno rosso (fig. 1);
b) 58ª " (Trieste) Alabarda in argento su scudo di panno rosso (fig. 2);
c) 107ª " (Zara) Tre teste di Leone coronato in metallo dorato su campo azzurro (fig. 3);
d) 40ª " (Verona) Scala in metallo dorato su fondo di panno rosso (fig. 4);
e) 92ª " (Firenze) Giglio in metallo smaltato rosso;
f) 93ª " (Empoli) (fig. 5);
g) 112ª " (Roma) Lupa in metallo dorato (fig. 6);
h) 121ª " (Littoria) Elmetto, con fascio sovrapposto, circondato da un serto di quercia e grano, in bronzo (fig. 7):
i) 133ª " (Campobasso) Losanga in metallo dorato rappresentante in bassorilievo i monti del Matese su fondo azzurro, sormontata da una testa di lupo in campo rosso (fig. 8);
l) LEGIONE ROMANA MUTILATI: Fascio e baionette con serto spinato in metallo bianco (fig. 9);
m) CENTURIA EGEA (Rodi): Croce di Malta m campo rosso (fig. 10);
n) SQUADRA IPPICA {Roma): Centauro rampante in metallo bianco (fig. 11).

4. -FREGI PER COPRICAPO, CONTROSPALLINE E SPALLINE (Tav. N. VIII, IX, X, XI, XII).- I fregi per copricapo e controspalline sono ricamati in oro, salvo le parti qui appresso specificate che sono ricamate in argento; quelli per spalline sono in metallo, rispettivamente, dorato o bianco:

a) la scure del fascio
per tutti;
b) la stella alpina
per la Milizia confinaria
c) le lame delle spade e il teschio
per i Moschettieri;
d) la lama del gladio
per il Ruolo dei Fasci Giovanili di Combattimento
e) gli aspidi
per il Ruolo Sanitario;
f) le lame dei gladi
per i Battaglioni CC. NN.

Il fondo del tondino del fregio da copricapo è per tutti in velluto nero salvo le eccezioni seguenti:
a) color robbio
per i comandanti di corpo e capi servizio;
b) color verde
per la Milizia forestale;

c) color azzurro
>   per la Milizia stradale;
d) color bianco
>   per il Ruolo Sanitario;
e) color turchino
>   per il Ruolo Amministrativo.

Per tutti gli Ufficiali superiori ed inferiori i fregi da copricapo devono essere ricamati in oro su panno g.v. o nero, secondo il colore del copricapo e su panno g.v. per il berretto bianco dell'uniforme estiva. I fregi da controspalline hanno una filettatura di mm. 0,5 del colore della specialità.

Per il 1° Caporale d'onore, i Caporali d'onore, gli Ufficiali generali in s.p.e. e del Ruolo speciale, detti fregi sono ricamati su panno robbio, sporgente mm. 1 su tutte le uniformi come già detto per i comandanti di corpo e capi servizio.

I fregi da controspalline per l'uniforme g. v. hanno le seguenti caratteristiche:

a) 1° Caporale d'onore
>   aquila ricamata in oro;
b) Caporale d'onore
>   fascio littorio ricamato in oro;
c) Comandante generale
>   aquila ricamata in oro;
d) Capo di S. M. della Milizia
>   aquila ricamata in oro;
e) Luogotenenti generali e Consoli generali
>   aquila ricamata in argento;
f) Per tutti gli altri Ufficiali
>   i fregi sono ricamati in oro e risultano dalle tavole.

Il 1° Caporale d'onore porta sul copricapo, controspalline e spalline, l'aquila ricamata in oro o di metallo dorato uguale a quella degli Ufficiali generali.

I Caporali d'onore portano sul copricapo e sulle spalline l'aquila come sopra, mentre sulle controspalline di tutte le uniformi portano il fascio littorio ricamato in oro.

5. - DISTINTIVI DI GRADO.

- I distintivi di grado sono su panno dello stesso colore della parte di vestiario sul quale sono applicati; ad eccezione di quelli del 1° Caporale d'onore e dei Caporali d'onore che sono sempre su panno nero: per il berretto bianco sono su panno grigio verde:

a) Distintivi per fez e cappello alpino (Tav. N. XlII e XVI) ·
il distintivo di grado è da tutti portato sul lato sinistro del copricapo e per tutti i gradi, esclusi gli Ufficiali generali ed i consoli, è fatto ad angolo col vertice in alto.

Per gli Ufficiali generali e consoli è applicato obliquamente in modo che i lati più corti risultino verticali.

I distintivi sono:

1) *Primo Caporale d'onore*:
un gallone di seta rossa alto mm. 17 ed uno alto mm. 5 ad una distanza di mm. 3; nell'angolo for-

mato dal gallone è ricamata in oro un'aquila filettata in rosso.

2) *Caporale d'onore:*
gallone uguale al precedente: nell'angolo è ricamato in oro un fascio littorio filettato in rosso con la scure volta indietro.

3) *Comandante generale:*
gallone a losanga ricamato in argento delle dimensioni di mm. 90 x 30 con orlatura in oro opaco di mm. 2,5 e fregio al centro, di aquila rivolta in avanti ricamata in oro con bordatura robbio.

Il gallone è sormontato da tre galloncini ricamati pure in oro opaco, alti mm. 3 e distanti fra loro mm. 2,5. Tutto il distintivo è filettato in robbio.

4) *Luogotenente generale:*
come il precedente, con due soli galloncini.

Il Luogotenente generale, Capo di S. M., porta sopra i due galloncini la corona Reale ricamata in oro e filettata in robbio.

5) *Console generale:*
come per i Luogotenenti generali. ma con un solo galloncino.

6) *Console:*
gallone a losanga di panno robbio con orlatura di oro opaco della forma e dimensioni uguali a quelle dei generali, con al centro un fascio littorio ricamato pure in oro opaco.

Il gallone è sormontato da tre galloncini di mm. 3 distanti fra loro mm. 2,5.

7) *Primo Seniore:*
gallone di nastro dorato alto mm. 1 7 e due galloncini sottostanti, pure in oro, alti mm. 5 e distanziati di mm. 3.

8) *Seniore:*
gallone come il precedente con un solo galloncino sottostante.

9) *Centurione:*
tre galloni in oro alti mm. 8 e distanziati di mm. 3.

10) *Capomanipolo:*
due galloni come i precedenti alti mm. 10.

11) *Sottocapomanipolo:*
un gallone dell'altezza di mm. 10.

12) *Aspirante:*
un gallone come il precedente con al centro un filetto sinusoidale in seta nera di mm. 1.

b) Distintivi per berretto
sono della forma e dimensioni prescritti per gradi corrispondenti del R. Esercito;

c) Distintivi per maniche della giubba g. v. e del cappotto g. v. (Tav. N. XIV e XV)

1) *Primo Caporale d'onore:*
è uguale a quello del copricapo, in dimensioni maggiori ed è applicato sulla manica sinistra al centro dell'avambraccio.

2) *Caporale d'onore:*
come quello del copricapo, in dimensioni maggiori, e disposto come il precedente.

3) *Comandante generale:*
i distintivi di grado sono applicati, sulle due maniche della giubba a mm. 3 dalla filettatura dei

paramani e sono costituiti da: un gallone d'argento rettangolare con bordo d'oro opaco confezionato come quello da copricapo delle dimensioni di mm. 90 x 39 sormontato da tre galloni di mm. 6 in oro opaco e distanziati fra loro di mm. 2,5.

Il galloncino superiore ha un occhio a losanga col lato di mm. 34.

4) *Luogotenente generale*:
come il precedente con due soli galloncini di millimetri 6.
Il Capo di S. M. porta una corona Reale d'oro su panno robbio al disotto del distintivo di grado sulla parte superiore del paramano.

5) *Console generale*:
come il precedente con un solo galloncino.

6) *Console*:
come quello del copricapo ma di forma rettangolare; i tre galloncini in oro sono di mm. 5 e l'occhio a losanga ha mm. 32 di lato.

7) *Primo Seniore*:
gallone dorato uguale a quello del copricapo ma con i due galloncini posti al disopra e l'ultimo con l'occhio a losanga di mm. 40 di lato. La lunghezza è di mm. 9.

8) *Seniore*:
come il precedente con un solo galloncino.

9) *Centurione*:
tre galloncini uguali a quelli del copricapo e l'ultimo con l'occhio a losanga di mm. 40 di lato.

10) *Capomanipolo*:
come il precedente ma con due galloncini.

11) *Sottocapomanipolo*:
un galloncino con occhio a losanga.

12) *Aspirante*:
un galloncino in oro e nero uguale a quello del copricapo, con occhio a losanga;

d) Distintivi per controspalline delle uniformi: nera e bianca e del cappotto nero (Tav. N. XVII)
Dette controspalline hanno al centro i fregi e portano i distintivi come appresso:

1° *Caporale d'onore* (fig. 1):
controspalline di tessuto d'argento con bordino e aquila ricamati in oro; l'aquila è sormontata da due galloncini, a forma di V rovesciato, ricamati in seta rossa su fondo nero.
Il galloncino superiore è di mm. 2, quello inferiore di mm. 5.

Caporali d'onore (fig. 2):
come il precedente, salvo la sostituzione dell'aquila col fascio littorio, ricamato pure in oro.

1) *Ufficiali generali* (figg. 3, 4, 5, 6):
controspalline di tessuto d'argento con bordino, aquila e stellette ricamate in oro.

2) *Ufficiali superiori* (figg. 7, 8, 9): bordino e stellette ricamate in oro.

3) *Ufficiali inferiori* (figg. 10, 11, 12):
stellette ricamate in oro.

4) *Aspiranti* (fig. 13): nessuna stelletta:

e) Distintivi per spalline (Tav. N. XVIII)
oltre i distintivi stabiliti, le spalline degli Ufficiali generali, superiori e inferiori, portano le stellette, come le controspalline di cui al paragrafo precedente, ma in metallo dorato.

f) Distintivi per camicia nera nella tenuta di marcia estiva (Tav. N. XIX)
per il I° Caporale d'onore ed i Caporali d'onore i distintivi di grado sono uguali a quelli dell'uniforme g. v. Per gli altri Ufficiali sono come quelli delle maniche della giubba g. v. ma senza l'occhio a losanga.
Le dimensioni risultano a grandezza naturale dalla Tavola.

Le aquile per il I° Caporale d'onore e per gli Ufficiali generali e il fascio per i Caporali d'onore e per i Consoli sono in metallo dorato.

Vengono applicati al disopra della tasca sinistra.

		FILETTATURE					BANDE mm. 40		
	stoffa	alle controspalline dell'uniforme g. v. mm. 2 (2)	alle controspalline delle uniformi nera e bianca e del cappotto nero mm 2 (2)	attorno ai fregi delle controspalline mm. 0,5 (1) (2)	alle manopole dell'uniforme g. v. mm. 3 (2)	alle fiamme di tutte le uniformi e del cappotto g. v. mm. 1 (2)	colore	filettatura centrale mm. 2	
								pantaloni g. v.	pantaloni neri
1° Caporale d'onore, Caporali d'onore, (3) Uff.li generali in s p. e. e del ruolo speciale	panno	robbio	robbio	robbio	nero	—	nero	g. v.	nero
"	"	"	"	"	"	—	"	argento	oro
Uff.li gen. della riserva	"	nero	nero	nero	"	—	"	"	"
Milizia ordinaria	"	"	—	"	nero	—	"	g. v.	nero
" confinaria	"	verde	verde	verde	verde	verde	"	verde	"
" ferroviaria	"	cremisi	cremisi	cremisi	cremisi	cremisi	"	cremisi	"
" postelegrafica	"	"	"	"	"	"	"	"	"
" portuaria	"	"	"	"	"	"	"	"	"
" forestale	"	verde	verde	verde	verde	verde	"	verde	"
" stradale	"	azzurro	azzurro	azzurro	azzurro	azzurro	"	azzurro	"
" Dicat e Da Cos	"	giallo	giallo	giallo	giallo	giallo	"	giallo	"
Ruolo sanitario	velluto	amaranto	amaranto	amaranto	amaranto	amaranto	"	amaranto	"
" Amministrativo	"	turchino	turchino	turchino	turchino	turchino	"	turchino	"
O. N. B.	panno	bianco	bianco	bianco	bianco	—	bianco	g. v.	"
Uff.li superiori ed inferiori della riserva	secondo la specialità	secondo la specialità	secondo la specialità	secondo la specialità	—	secondo la specialità	secondo la specialità	secondo la specialità	"

(1) I Comandanti di corpo e capi di servizio della M. O. e delle specialità portano tale filettatura color robbio.
(2) Gli Ufficiali generali ispettori, o comandanti di specialità, quelli del ruolo sanitario o del ruolo amministrativo, portano tale filettatura del colore prescritto per le rispettive specialità.
(3) Il I° Caporale d'onore porta una filettatura rossa di mm. 2 anche attorno alle spalline.

PARTE II.
MOSCHETTIERI DEL DUCE

CAPITOLO I.
VARIE SPECIE DI UNIFORMI (Tav. N. XXV)

a) UFFICIALE COMANDANTE

1. - UNIFORME ORDINARIA

Fez o elmetto [1];
Giubba con nastrini di decorazioni;
Cappotto (secondo le stagioni);
Camicia nera;
Cravatta nera;
Pantaloni corti neri;
Stivali di cuoio nero rigidi;
Cinturino di cuoio nero opaco;
Pugnale;
Guanti neri con moschettiera.

2. - GRANDE UNIFORME MILITARE

come l'uniforme ordinaria aggiungendo: Sciarpa;

---

(1) Nei servizi in motocicletta è consentito l'uso del berretto di stoffa nera e di foggia uguale a quello dell'Esercito.

Cinturino di cuoio nero lucido, in sostituzione di quello opaco;
Decorazioni;
Cordelline.

3.- UNIFORME DA VISITA
come l'uniforme ordinaria salvo la sostituzione del cinturino di cuoio nero opaco con quello lucido e senza pugnale.

4.- UNIFORME DA SERA SENZA DECORAZIONI
come l'uniforme da visita aggiungendo:
Cordelline;
Pugnale.

5.- GRANDE UNIFORME DA CERIMONIA
come l'uniforme da sera senza decorazioni aggiungendo:
Sciarpa;
Decorazioni.

6.- UNIFORMI ESTIVE BIANCHE
sono uguali a quelle degli Ufficiali della Milizia ordinaria con la variante del fregio caratteristico al fez ed alle controspalline.

PRESCRIZIONI PER L'USO:
Valgono quelle stabilite per le corrispondenti uniformi della Milizia ordinaria.

b)	Moschettieri

1. - UNIFORME ORDINARIA
si compone degli stessi oggetti dell'uniforme ordinaria dell'Ufficiale.

2. - GRANDE UNIFORME
come l'uniforme ordinaria aggiungendo:
Cordelline;
Decorazioni.
Inoltre, con ambedue le uniformi nei servizi esterni vengono portati, il moschetto e la gibernetta.

CAPITOLO II.
DESCRIZIONE DEI PARTICOLARI DI UNIFORME

1. - BOTTONI
sono uguali a quelli degli Ufficiali della Milizia ordinaria, dorati per l'Ufficiale, argentati per i Moschettieri.

2. - CALZATURA
lo stivale nero rigido non ha allacciature ed è uguale per l'Ufficiale e Moschettieri.

3. - CAPPOTTO (Tav. N. XXV)
è di panno nero lungo fino a cm. 25 da terra, ha ampi risvolti aperti sul petto, una sola bottoniera esterna con 3 bottoni di metallo.

Ha due tasche senza risvolto in senso verticale sui fianchi, linguetta a doppio bottone alle manopole per l'applicazione del guanto alla moschettiera.

Posteriormente all'altezza della linea di vita, ha due bottoni di metallo ed 8 cm. al disotto di essi comincia un doppio piegone di stoffa con l'apertura chiusa a mezzo di otto bottoncini di metallo.
Le controspalline del cappotto sono analoghe a quelle della giubba.

4. - CINTURINI

a) cinturino di cuoio nero opaco alto cm. 6: si porta sulla linea di vita, ha sul davanti la fibbia di metallo con fregio analogo a quello delle controspalline.

Il cinturino porta il pugnale e quando il reparto è armato di moschetto, anche una gibernetta di cuoio nero opaco.

Quando si indossa il cappotto, il cinturino viene portato sopra di esso;

b) cinturino di cuoio nero lucido: è uguale al precedente ma di cuoio nero lucido.

5.- CORDELLINE

sono formate da una doppia trecciola di seta nera con un cordoncino centrale dorato per l'Ufficiale, argento e nero per i primi moschettieri, rosso per i moschettieri scelti, nero per gli altri.

6.- CONTROSPALLINE

sono di stoffa nera uguale alla giubba con fregio centrale in metallo dorato per l'Ufficiale, argentato per gli altri (Tav. N. X, fig. 4).

7.- DISTINTIVI DI GRADO

per l'Ufficiale sono uguali a quelli dei gradi corrispondenti della Milizia ordinaria. I primi moschettieri portano una piccola striscia d'argento di 4 mm. sul lato corto delle controspalline; i moschettieri scelti portano tale striscia di seta rossa.

8.- ELMETTO

come quello della Milizia ordinaria, con trofeo metallico dorato per l'Ufficiale, in metallo bianco per gli altri.

9.- FEZ

il fez è di forma analoga a quello degli Ufficiali della Milizia ordinaria, rigido e di feltro peloso, è provvisto di campanelle nella parte interna per l'applicazione del sottogola.

10. - GIUBBA

la giubba, tanto per l'Ufficiale quanto per i Moschettieri, è di cordonetto nero e della stessa foggia di quella di panno g. v. degli Ufficiali della Milizia ordinaria, ma senza cinturino di stoffa. Le fiamme sono di velluto nero.

11.- GUANTI

sono di pelle nera con moschettiera.

12.- MOSCHETTO

ha la cassa di legno nero lucido; calciolo, scatola, serbatoio, otturatore e bocchino cromati: canna e baionetta brunite.

13.- PANTALONI

sono della stessa stoffa della giubba e di foggia uguale a quella dei pantaloni g. v. corti degli Ufficiali della Milizia ordinaria. Per l'Ufficiale i pantaloni hanno una doppia banda di seta nera uguale a quella prescritta per l'uniforme nera degli Ufficiali della Milizia ordinaria; per i Moschettieri la banda e unica della larghezza di cm. 3.

14.- PUGNALE (Tav. N. XXIV, fig. 5)

è per tutti di uguale modello, dorato per l'Ufficiale e cromato per gli altri.

PARTE III.

UFFICIALI
DEI FASCI GIOVANILI DI COMBATTIMENTO

CAPITOLO I.
VARIE SPECIE DI UNIFORMI (Tav. N. XXVI)

1. - UNIFORME ORDINARIA (Figg. N. 2, 3)

a)   Fez [1];
b)   Camicia nera, senza fascetti al bavero, con nastrini di decorazioni, controspalline di due colori arancione ed amaranto (Tav. N. XI) e distintivi di grado sulle maniche;
c)   Cravatta nera;
d)   Fascia nera alla cinta della stessa stoffa della camicia;
e)   Pantaloni corti g. v. come quelli degli Ufficiali della Milizia ordinaria;
f)   Stivali o gambali di cuoio nero;
g)   Cinturone;
h)   Pugnale con fodero brunito:
i)   Dragona di seta nera;
l)   Guanti neri.

Fuori servizio può essere indossata l'uniforme ordinaria uguale a quella degli Ufficiali della Milizia ordinaria sostituendo, nella giubba, alle controspalline g. v. quelle arancione-amaranto come per la camicia nera.

2. - UNIFORME DI MARCIA

è come l'uniforme ordinaria salvo l'aggiunta della pistola.

3.- UNIFORME DI MARCIA ESTIVA.

è come l'uniforme di marcia normale salvo che la camicia nera viene portata senza cravatta ed è sbottonata al collo.

4.- GRANDE UNIFORME MILITARE (Fig. N. 1)

è come l'uniforme ordinaria, salvo l'aggiunta delle decorazioni e della sciarpa, e la sostituzione del cinturone di cuoio con quello dorato, del fodero brunito del pugnale con quello nichelato e della dragona nera con quella dorata.

Con questa uniforme non viene mai indossata la giubba.

5.- UNIFORME ORDINARIA ESTIVA GRANDE UNIFORME ESTIVA

sono uguali alle corrispondenti degli Ufficiali della Milizia ordinaria salvo la sostituzione delle controspalline nere con quelle arancione-amaranto su cui sono posti i distintivi di grado e il fascio speciale dei F. G. come quello del fez ma senza tondino.

L'uso delle diverse uniformi è regolato dalle stesse norme indicate nella Parte I.

CAPITOLO II.
DESCRIZIONE DEI PARTICOLARI DI UNIFORME

a)   Controspalline

sono divise trasversalmente in due colori, esternamente amaranto, internamente arancione;

---

(1) Sul fez di tutte le uniformi il fregio è quello speciale dei Fasci Giovanili di combattimento (Tav. N. XI).

b) Distintivi di grado per la camicia nera e per la giacca di orbace

sono su panno nero ed uguali a quelli stabiliti per le maniche della giubba g. v. degli Ufficiali della Milizia ordinaria.

c) Giacca d'orbace

è quella prescritta per gli appartenenti al P. N. F. salvo la sostituzione delle spalline nere con quelle arancione, amaranto e l'applicazione, sulle maniche, dei distintivi di grado.

La giacca d'orbace viene indossata nella stagione invernale con le norme stabilite per i cappotti: il cinturone viene portato sopra di essa.

CAPITOLO III.
DISTINTIVI SPECIALI

a) Comandanti in 2a

fregi e distintivi di grado ricamati in oro su panno robbio;

b) Ufficiali addetti al Comando dei Fasci giovanili di combattimento e addetti ai Comandi Federali (Istruttore militare, Aiutante in 1a, Addetti)

una stelletta d'oro su panno nero al centro della metà superiore delle maniche.

c) Aiutanti in 1a e 2a

come quello degli Aiutanti Maggiori in 1a e 2a di Legione di Milizia.

PARTE IV.

CAPPELLANI
UNIFORMI DEI CAPPELLANI

Tanto l'Ispettore dei Cappellani quanto i Cappellani, in tempo di pace, continuano, nel servizio ordinario nella Milizia, ad indossare l'abito talare dell'ordine ecclesiastico cui appartengono, apponendo ad esso unicamente fascetti, controspalline e fregio e distintivi di grado sul cappello.

PARTICOLARI DI UNIFORME.

a) Fascetti dorati, della forma normale, applicati al colletto dell'abito talare;
b) Controspalline analoghe a quelle delle uniformi nere degli Ufficiali col solo fascio crociato in sostituzione del fascio ordinario (Tav. N. XII) con stellette corrispondenti al grado;
c) Fregio costituito dal fascio crociato (Tav. N. Xll) su panno robbio per l'Ispettore e panno nero per tutti gli altri;
d) Distintivo di grado per cappello: di gallone dorato applicato attorno alla calotta (Tav. N. VII, fig. 6):

Ispettore: un gallone inferiore di mm. 17 e tre galloncini superiori di mm. 5 su fondo robbio;

Cappellano di Legione di Milizia ordinaria o specialità: tre galloncini d'oro di mm. 8 su fondo nero;

Cappellano di Legione dell'O.N.B.: due galloncini d'oro di mm. 10 su fondo nero;

e) Nella grande uniforme i Cappellani portano le decorazioni e sostituiscono le controspalline con le spalline dorate uguali a quelle degli Ufficiali;
f) L'abito di cerimonia uguale a quello dei Cappellani delle altre Forze armate, oltre che dalla talare e dai distintivi di grado, è costituito:

1) da una fascia di seta nera di cm. 25 di altezza, attorno alla vita, che discende dal fianco sinistro fin sotto al ginocchio e termina con frangia di seta nera;

2) dal ferraiolo discendente dalle spalle e sostenuto da un nastro di seta nera avvolgente il bavero della talare;

g) I Cappellani della Milizia, che debbono seguire le truppe in operazioni di guerra ed eventualmente in esercitazioni e manovre, sono autorizzati a far uso della uniforme g. v. da Ufficiale del grado cui sono assimilati, aggiungendo una croce rossa di cm. 12 di altezza sul lato sinistro del petto, al disotto delle decorazioni, come i Cappellani delle altre forze armate.

Per essi il panciotto è chiuso al collo con pistagno involgente la parte superiore del collare ecclesiastico. I fregi per il copricapo e per le controspalline sono quelli stabiliti per l'abito talare (Tav. N. XII).

I cappellani assegnati a reparti mobilitati portano le filettature stabilite per le rispettive unità.

PARTE V.

UFFICIALI DELLA RISERVA
UNIFORMI DEGLI UFFICIALI DELLA RISERVA

1. - Gli Ufficiali generali della riserva portano il fregio ed il distintivo di grado del copricapo ricamato in oro, senza filettatura color robbio, su panno nero per il fez e su panno g. v. per coloro che siano sprovvisti di altro copricapo di ordinanza. Portano su tutte le uniformi le controspalline filettate in nero.

2. - Gli Ufficiali superiori, già comandanti di corpo o capi servizio, passando nella riserva cessano dal portare i distintivi di grado alle maniche ed i fregi del copricapo applicati su panno robbio, li portano invece su panno g. v. o nero, secondo il colore del copricapo o della giubba.

3. - Gli Ufficiali della riserva di qualunque grado, esclusi i generali, portano il disco centrale del fregio del copricapo completamente ricamato in oro senza alcun contrassegno (Tav. N. XX) salvo gli Ufficiali medici e farmacisti che vi portano sovrapposta una croce rossa.

4. - Gli Ufficiali della riserva di qualunque grado nel passaggio in tale posizione, conservano l'uniforme ed i fregi della specialità, con le modifiche di cui sopra, ma non portano più nè i distintivi speciali di carica o di servizio, nè quelli di Legione.

5. - Tutti gli Ufficiali della riserva non portano la filettatura nera o del colore della specialità ai paramani della giubba g. v.

INDICE DELLE TAVOLE

TAV. I	Uniforme ordinaria
TAV. II	Uniforme di marcia
TAV. III	Grande uniforme militare, Grande uniforme estiva e Uniforme ordinaria estiva
TAV. IV	Grande uniforme nera, Uniforme nera da sera senza decorazioni e Uniforme nera da visita
TAV. V	Cappotto nero
TAV. VI	Cappotto grigio-verde
TAV. VII	Copricapo
TAV. VIII	Fregi per copricapo e controspalline
TAV. IX	Fregi per copricapo e controspalline
TAV. X	Fregi per copricapo e controspalline
TAV. XI	Fregi per copricapo e controspalline
TAV. XII	Fregi per copricapo e controspalline
TAV. XIII	Distintivi di grado per fez e cappello alpino
TAV. XIV	Distintivi di grado per maniche della giubba grigio-verde e del cappotto grigio-verde
TAV. XV	Particolari dei distintivi di grado per Ufficiali generali e Consoli
TAV. XVI	Particolari dei distintivi di grado per Ufficiali generali e Consoli
TAV. XVII	Controspalline per uniformi nere, bianche e cappotto nero
TAV. XVIII	Controspalline per uniformi grigio-verdi e spalline
TAV. XIX	Distintivi di grado per camicia nera
TAV. XX	Distintivi speciali di carica e di servizio
TAV. XXI	Distintivi speciali di Legione
TAV. XXII	Bottoni
TAV. XXIII	Cinturino di parata
TAV. XXIV	Pugnali
TAV. XXV	Moschettieri del Duce
TAV. XXVI	Ufficiali dei FF. GG. CC.

TAVOLE

TAVOLA I

Uniforme ordinaria

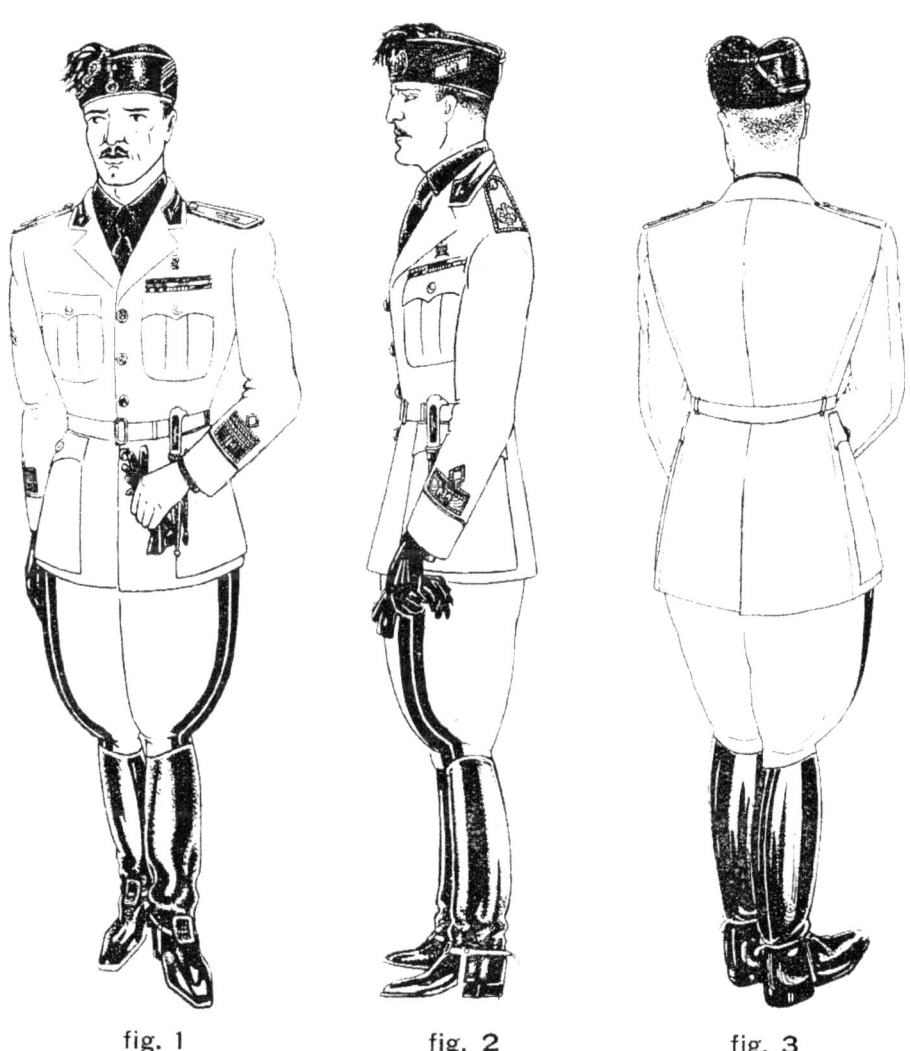

fig. 1   fig. 2   fig. 3

TAVOLA II
Uniformi di marcia

fig. 1   fig. 2   fig. 3

TAVOLA III

fig. 1
Grande uniforme militare

fig. 2
Grande uniforme estiva

fig. 3
Uniforme ordinaria estiva

TAVOLA IV

fig. 1
Grande uniforme nera

fig. 2
Uniforme nera da sera
senza decorazioni

fig. 3
Uniforme nera da visita

TAVOLA V

Cappotto nero

fig. 1   fig. 2

TAVOLA VI

Cappotto grigio-verde

fig. 1   fig. 2

TAVOLA VII
Copricapo

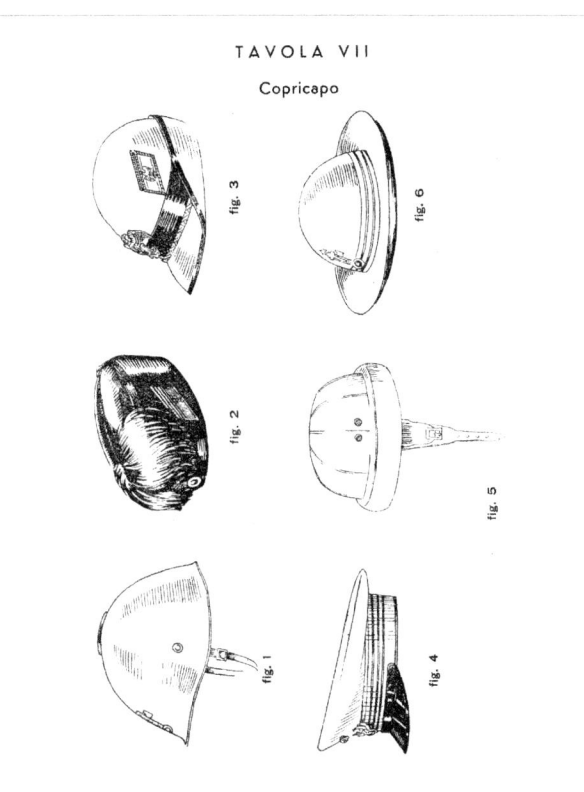

TAVOLA VIII
Fregi per copricapo e controspalline

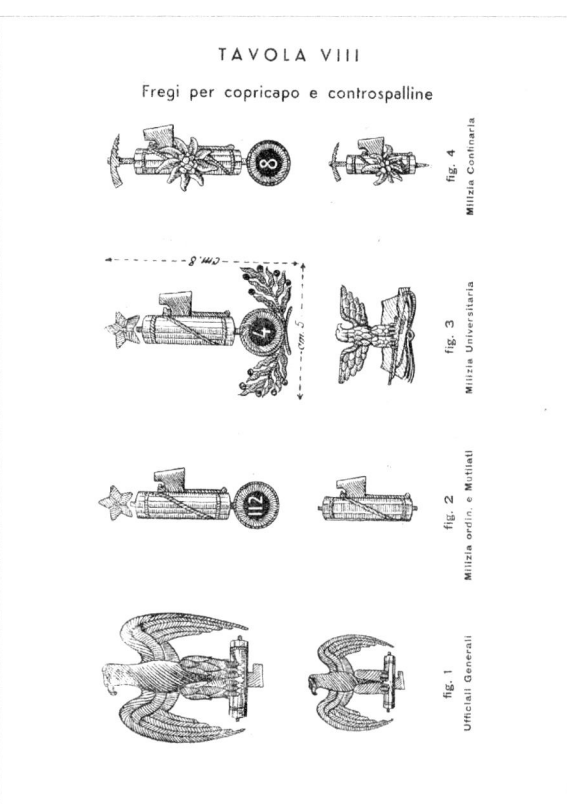

TAVOLA IX
Fregi per copricapo e controspalline

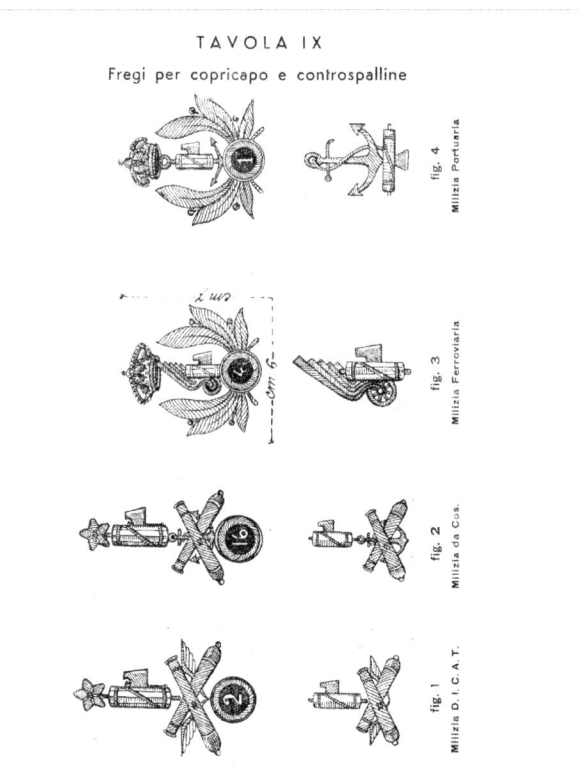

TAVOLA X
Fregi per copricapo e controspalline

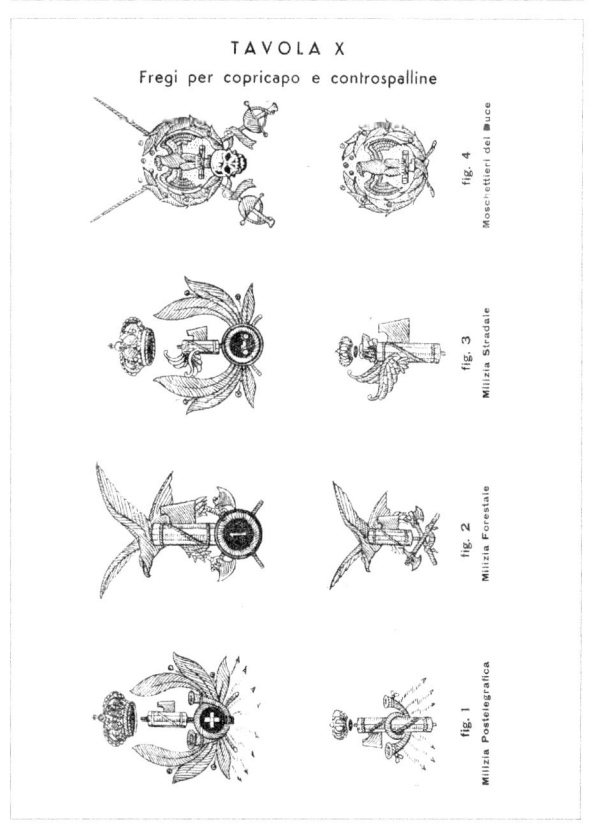

TAVOLA XI
Fregi per copricapo e controspalline

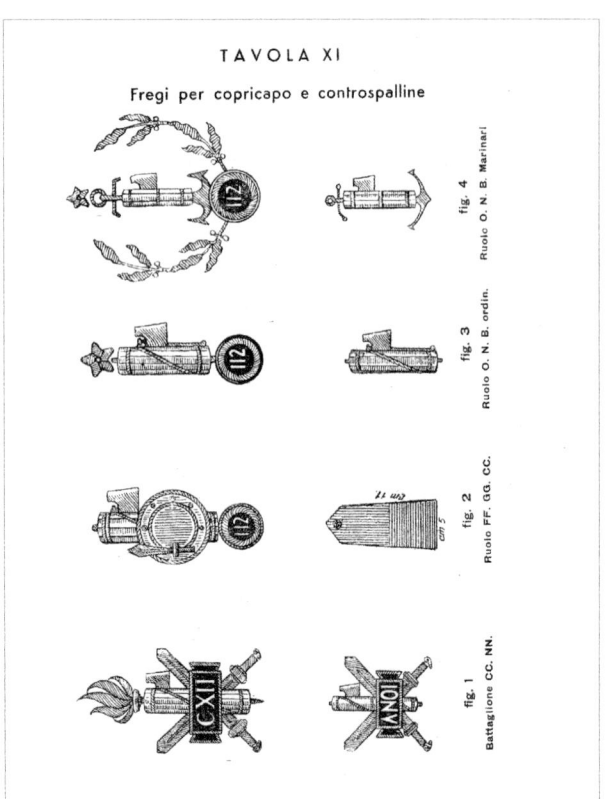

TAVOLA XII
Fregi per copricapo e controspalline

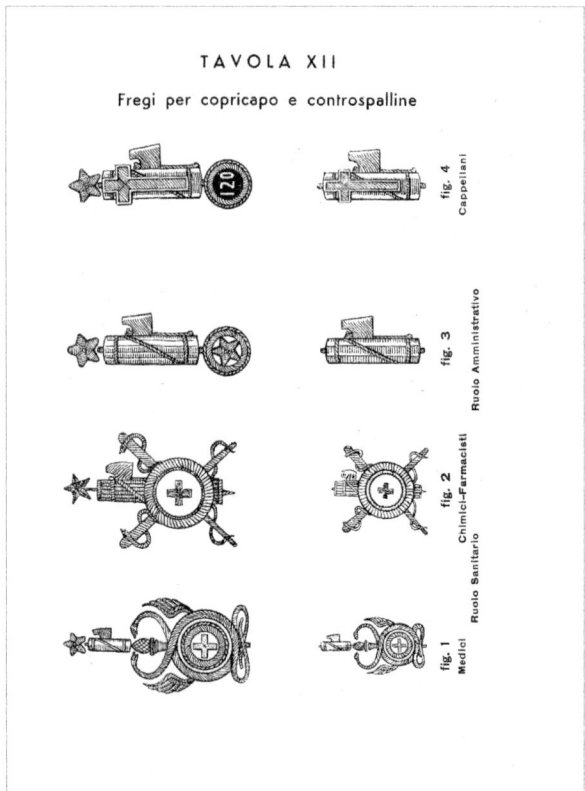

TAVOLA XIII
Distintivi di grado per fez e cappello alpino

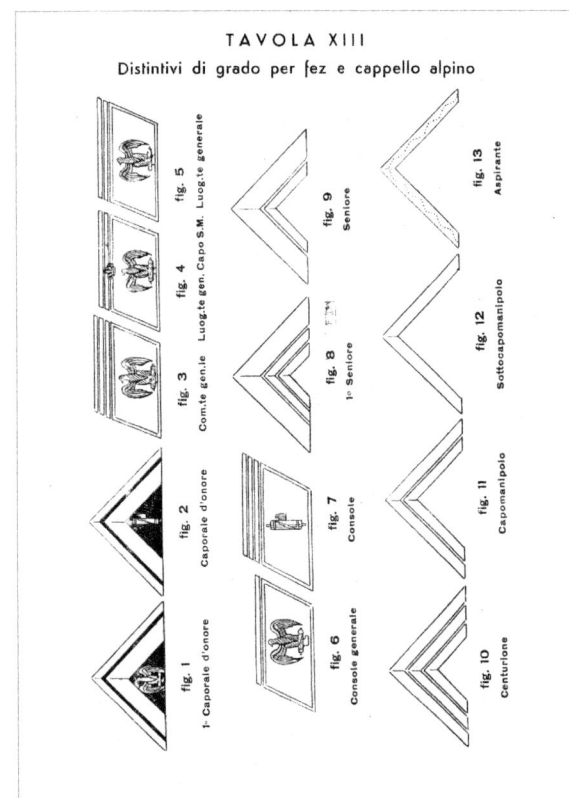

TAVOLA XIV
Distintivi di grado per maniche della giubba grigio-verde e del cappotto grigio-verde

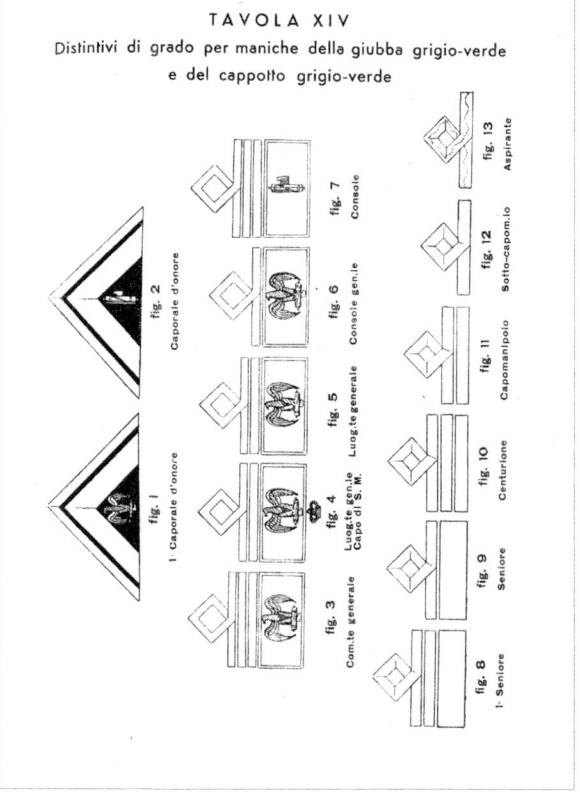

TAVOLA XV
Particolari di distintivi di grado per Ufficiali Generali e Consoli

fig. 1
Luogotenente generale

fig. 2
Console

TAVOLA XVI
Particolari di distintivi di grado per Ufficiali Generali e Consoli

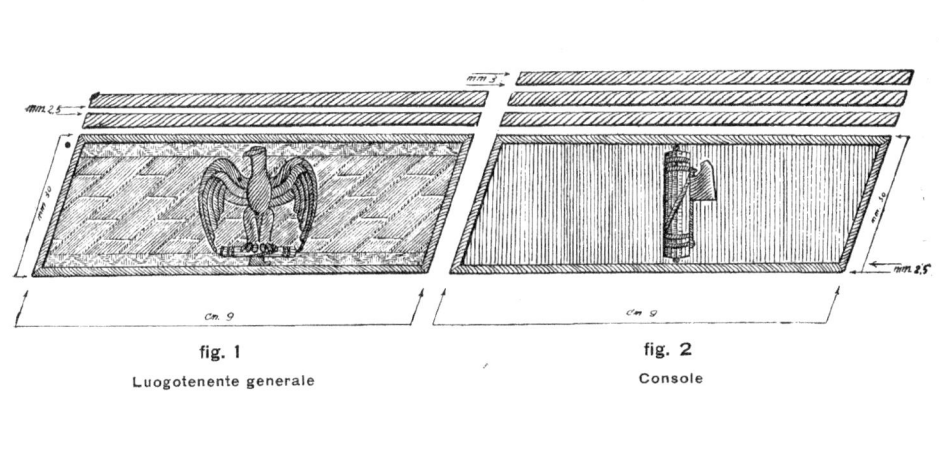

fig. 1
Luogotenente generale

fig. 2
Console

TAVOLA XVII
Controspalline per uniformi nere, bianche e cappoto nero

fig. 1 fig. 2 fig. 3 fig. 4 fig. 5 fig. 6

fig. 7 fig. 8 fig. 9 fig. 10 fig. 11 fig. 12 fig. 13

TAVOLA XVIII
Controspalline per uniformi grigio-verdi e spalline

fig. 1 1° Caporale d'onore

fig. 2 Caporale d'onore

fig. 3 Ufficiale Generale

fig. 4 Ufficiale Superiore

fig. 5 Ufficiale Inferiore

fig. 1 1° Caporale d'onore

fig. 2 Caporale d'onore

fig. 3 Console Generale

fig. 4 Console

fig. 5 Capomanipolo

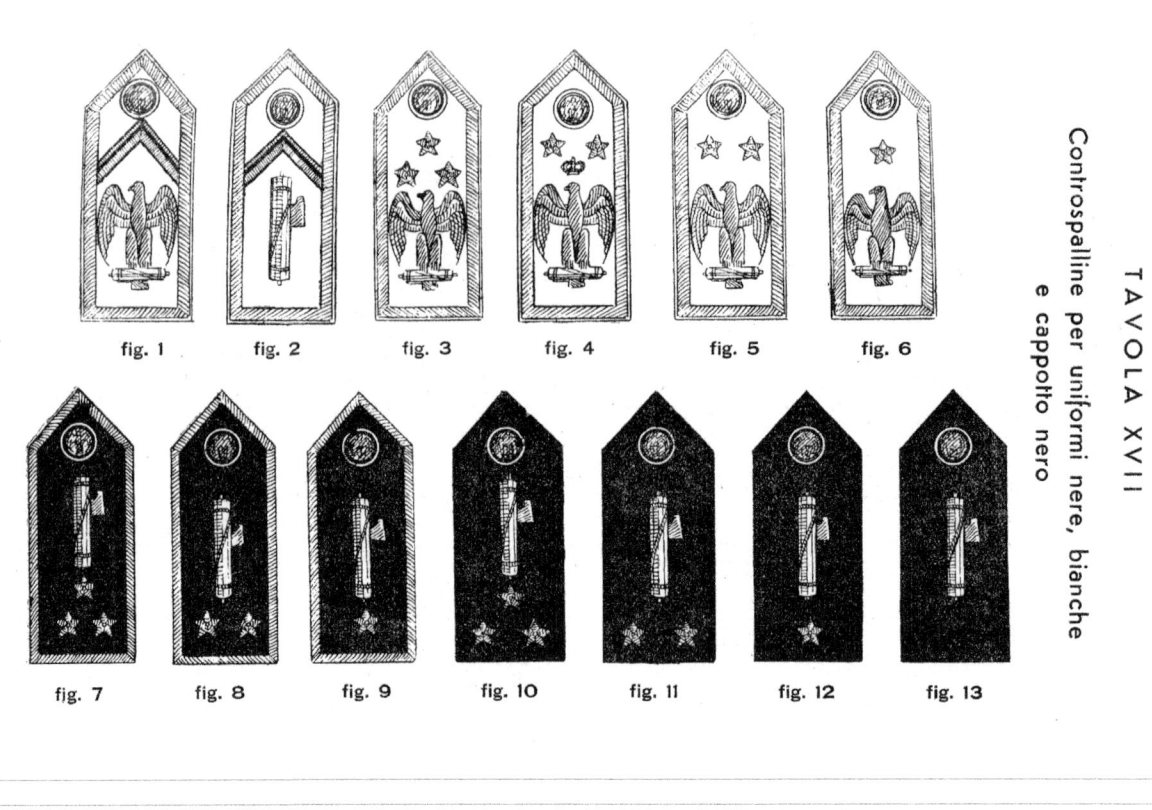

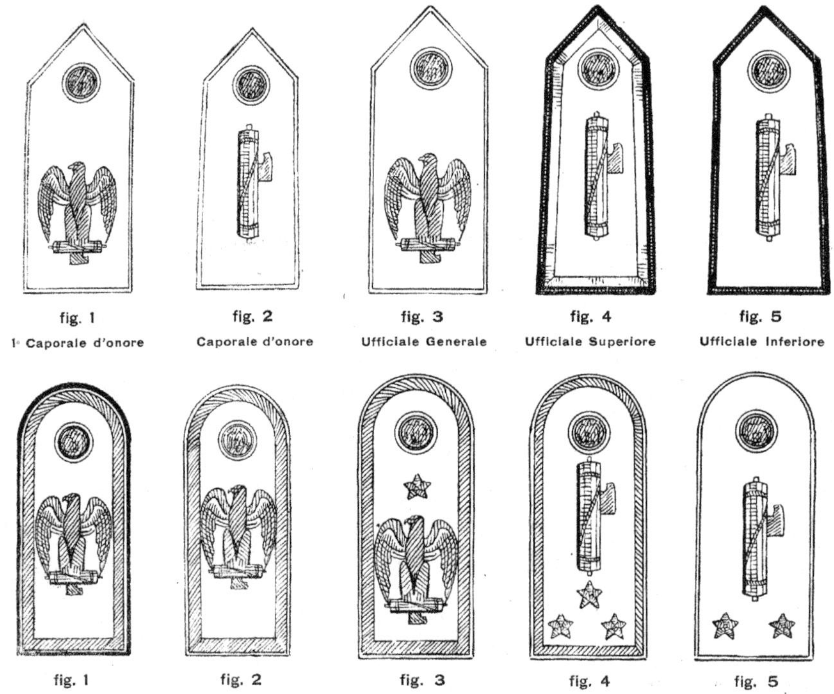

TAVOLA XIX
Distintivi di grado per camicia nera

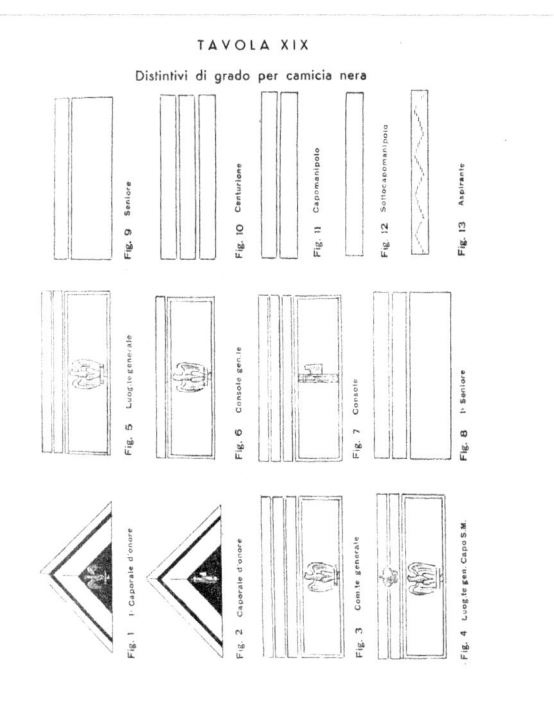

TAVOLA XX
Distintivi speciali di carica e di servizio

TAVOLA XXI
Distintivi speciali di Legione

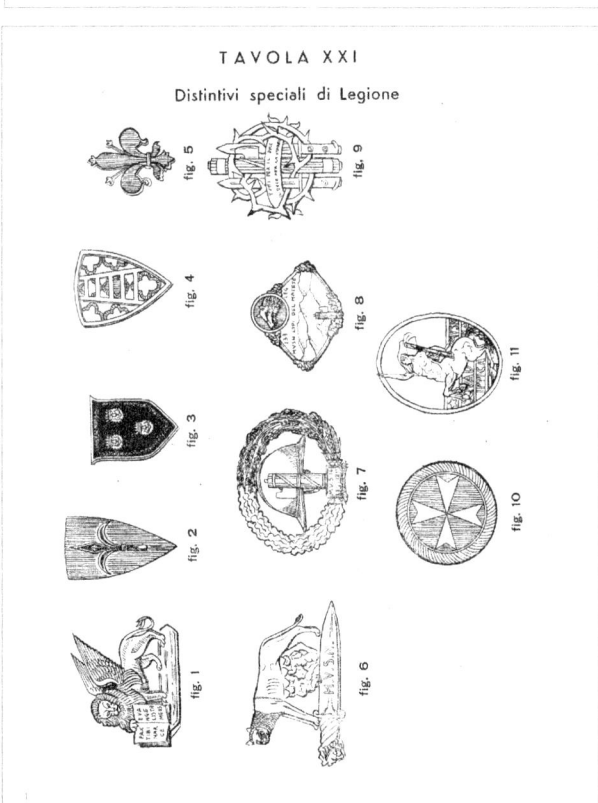

TAVOLA XXII
Bottoni

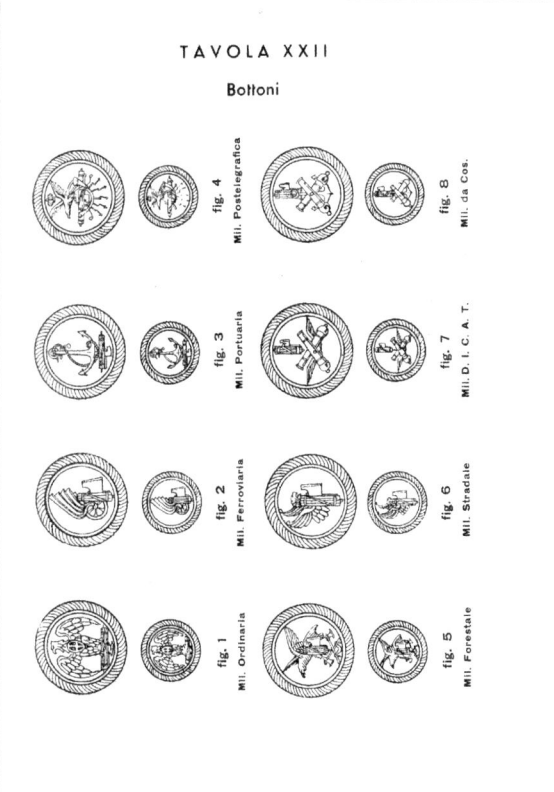

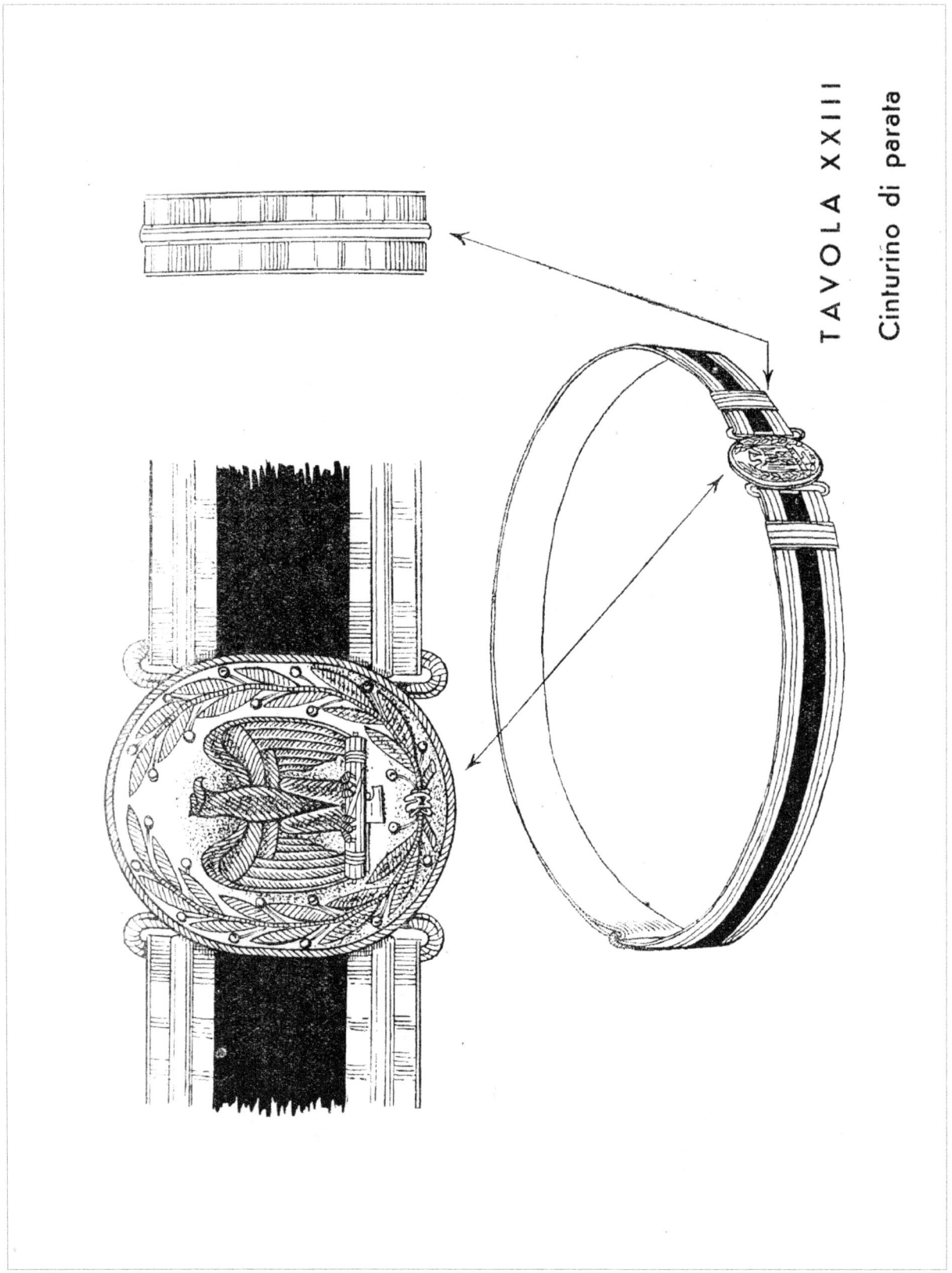

TAVOLA XXIII

Cinturino di parata

TAVOLA XXIV

Pugnali

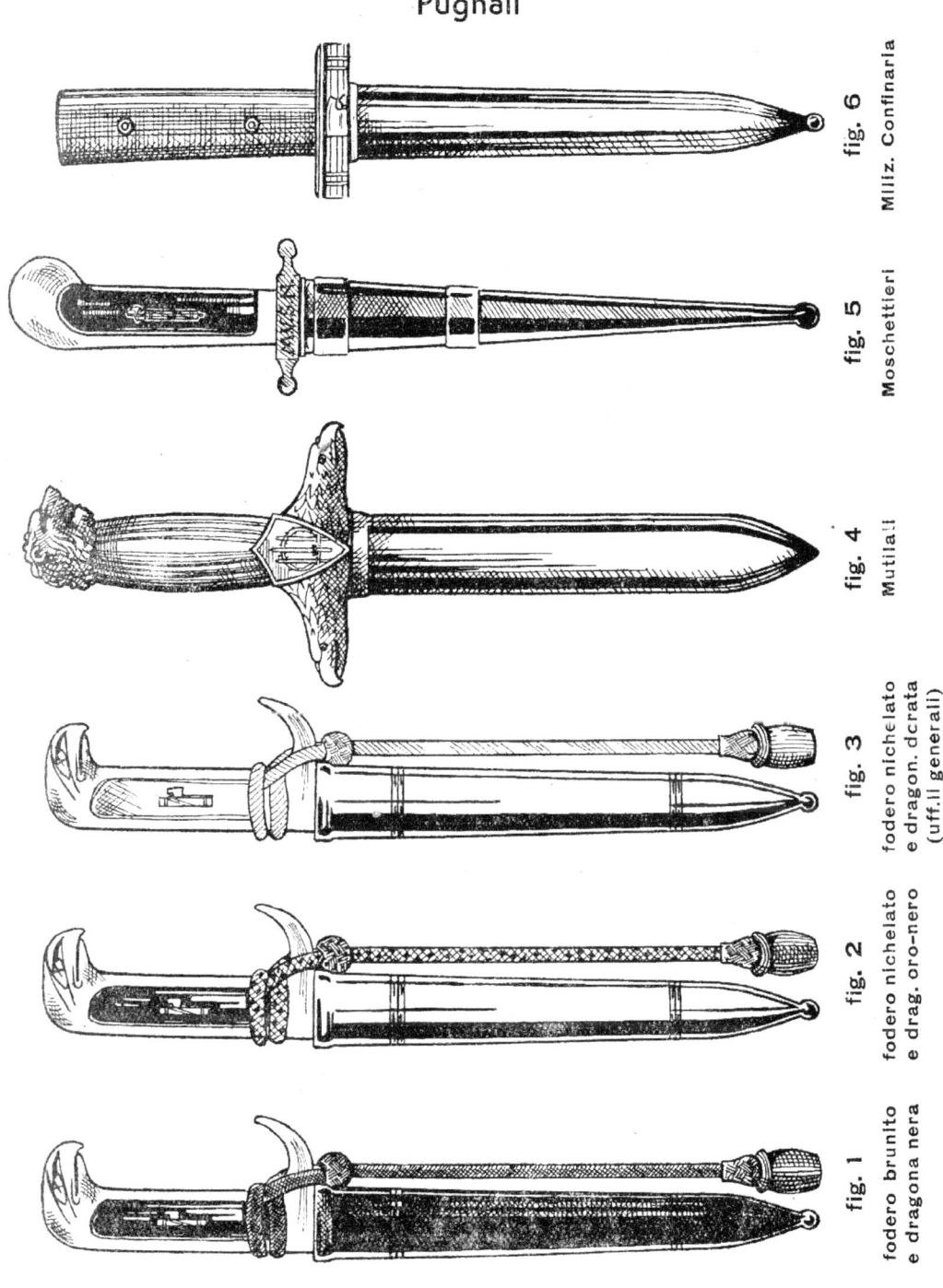

fig. 6 — Miliz. Confinaria

fig. 5 — Moschettieri

fig. 4 — Mutilati

fig. 3 — fodero nichelato e dragon. dorata (uff.li generali)

fig. 2 — fodero nichelato e drag. oro-nero

fig. 1 — fodero brunito e dragona nera

TAVOLA XXV

Moschettieri del Duce

fig. 1
Uff.le in grande uniforme militare

fig. 2
Moschettiere in servizio armato, con cappotto

fig. 3
Moschettiere in uniforme ordinaria

TAVOLA XXVI
Ufficiali dei FF. GG. CC.

fig. 1
Grande uniforme

fig. 2
Uniforme ordinaria con giubba
(fuori servizio)

fig. 3
Uniforme ordinaria
senza giubba

SPECCHIO DI DIRAMAZIONE

Ufficio primo aiutante di campo di S. M. il Re	N. 2
Ufficio primo aiutante di campo di S. A. R. il Principe di Piemonte	» 2
Ufficio primo aiutante di campo di S. A. R. il Duca d'Aosta	» 1
Ufficio primo aiutante di campo di S. A. R. il Duca di Genova	» 1
Ufficio aiutante di campo di S. A. R. il Conte di Torino	» 1
Ufficio aiutante di campo di S. A. R. il Duca di Pistoia	» 1
Ufficio aiutante di campo di S. A. R. il Duca di Bergamo	» 1
Ufficio aiutante di campo di S. A. R. il Duca di Ancona	» 1
Ufficio ufficiale d'ordinanza di S. A. R. il Duca di Spoleto	» 1
Ministero della Real Casa	» 1
Presidenza del Consiglio dei Ministri - Gabinetto	» 1
Segreteria generale del P. N. F.	» 1
Ufficio di S. E. il capo di S. M. generale	» 1
Ministero della guerra - Gabinetto	» 1
Ufficio di S. E. il sotto capo di S. M.	» 1
Ufficio delle LL. EE. i marescialli d'Italia	» 1
Ufficio delle LL. EE. il comandanti d'armata e comandanti designati d'Armata	» 1
Comando del corpo di S. M. - Segreteria	» 1
Segreteria Commissione suprema di difesa	» 1
Ispettorato della fanteria	» 1
Ispettorato truppe celeri	» 1
Ispettorato truppe alpine	» 1
Ispettorato artiglieria	» 1
Ispettorato genio	» 1
Ispettorato D. I. C. A. T.	» 1
Ministero della marina - Gabinetto	» 1
Ufficio di S. E. il capo di S. M.	» 1
Ministero dell'aeronautica - Gabinetto	» 1
Ufficio di S. E. il capo di S. M.	» 1
Ministero delle colonie - Gabinetto	» 1
Ufficio militare	» 1
Ministero dell'interno - Gabinetto	» 1
Direzione generale di P. S.	» 1
Ministero degli esteri - Gabinetto	» 1
Ministero della giustizia - Gabinetto	» 1
Ministero delle finanze - Gabinetto	» 1
Ministero dell'educazione nazionale - Gabinetto	» 1
Ministero dei lavori pubblici - Gabinetto	» 1
Ministero dell'agricoltura e foreste - Gabinetto	» 1
Ministero delle comunicazioni - Gabinetto	» 1
Ministero delle corporazioni - Gabinetto	» 1
Ufficio di S. E. l'Alto Commissario per le Colonie dell'Africa Orientale	» 1
Ispettorato generale pre e post-militare	» 1
Comandi di corpo d'armata	» 1
Comandi di dipartimento marittimo	» 1
Comandi di zona aerea territoriale	» 1
Comando generale carabinieri reali	» 1
Comando generale R. guardia di finanza	» 1
Comando superiore A. O. Asmara	» 1
Comando corpo di spedizione Mogadiscio	» 1
Comandi R. corpo truppe coloniali	» 1
Tribunale speciale per la difesa dello Stato	» 1
Tribunale supremo militare	» 1
Tribunale militare territoriale	» 1
Ordinariato militare	» 1
Presidenza Unione nazionale ufficiali in congedo d'Italia	» 1
Presidenza centrale O. N. B.	» 1
Comando Fasci giovanili di combattimento	» 1
Ufficio di collegamento R. E. presso M. V. S. N.	» 1
Ufficio di collegamento M. V. S. N. presso R. E.	» 1
Unione militare	» 20
Comando generale M. V. S. N. - Ufficio di S. E. il capo di S. M.	» 1
Ufficio del sotto capo di S. M.	» 1
Ufficio ispezioni	» 1
Reparto S. M.	» 1
Ispettorato generale reparti universitari	» 1
Ispettorato premilitare e sportivo	» 1
Ispettorato armi e munizioni	» 1
Ispettorato bande	» 1
Ispettorato cappellani	» 1
Reparto operazioni	» 1
Reparto personale e disciplina	» 1
Servizio politico	» 1
Reparto previdenza e pensioni	» 1
Reparto stampa e propaganda, storico	» 1
Servizio approvvigionamenti	» 1
Direzione centrale di sanità	» 1
Ufficio amministrazione	» 1
Comandi di raggruppamento e CC. NN. delle isole	» 1
Comando gruppo legioni	» 1
Comando legioni	» 1
Comando legioni complemento	» 1
Comando coorti autonome	» 1
Comando reparti permanenti dell'Urbe	» 1
Comando legione romana mutilati	» 1
Comando reparto autonomo di confino di Ponza	» 1
Comandi legioni universitarie	» 1
Comando coorti autonome universitarie	» 1
Comando centurie autonome universitarie	» 1
Comando gruppo legioni della Libia	» 1
Comando legioni libiche	» 1
Comando 1º battaglione permanente OEA	» 1
Comando 2º battaglione permanente BERENICE	» 1
Comando coorte territoriale eritrea	» 1
Comando manipolo somalo	» 1
Comando centuria egea	» 1
Ispettorato generale M. D. I. C. A. T. e da Cos.	» 1
Comando gruppo legioni M. D. I. C. A. T.	» 1
Comando legioni M. D. I. C. A. T. e da Cos.	» 1
Comando coorti autonome M. D. I. C. A. T. e da Cos.	» 1
Comando distaccamenti M. D. I. C. A. T.	» 1
Comando Milizia forestale	» 1
Comando legioni forestali	» 1
Comando coorti autonome forestali	» 1
Comando scuola allievi ufficiali milizia forestale	» 1
Comando scuola allievi sottufficiali	» 1
Comando scuola allievi militi forestali	» 1
Comando gruppo legioni milizia ferroviaria	» 1
Comando legioni ferroviarie	» 1
Comando gruppo legioni milizia portuaria	» 1
Comando legioni portuarie	» 1
Comando milizia postelegrafica	» 1
Comando reparti milizia postelegrafica	» 1
Comando milizia della strada	» 1
Comando ispettorati milizia della strada	» 1
Comando reparti milizia della strada	» 1
Direzioni magazzini centrali v. e.	» 1
Direzioni depositi materiali per esercitazioni	» 1

REGOLAMENTO 1938
UNIFORME DEGLI UFFICIALI

PRESIDENZA DEL CONSIGLIO DEI MINISTRI
**MILIZIA VOLONTARIA PER LA SICUREZZA NAZIONALE
COMANDO GENERALE**

UFFICIO ADDESTRAMENTO - 3ª SEZIONE
N. 2130/add/5 di prot.

Roma, 1 Luglio 1938 XVI

Oggetto: **Uniforme degli Ufficiali**.

Il presente fascicoletto riepiloga tutte le indicazioni relative alle varie specie di uniforme degli Ufficiali della Milizia, loro composizione e prescrizioni specifiche per l'uso.

La sua compilazione è stata determinata dall'opportunità di adeguare sempre l'uniforme alle diverse circostanze in cui gli Ufficiali possono venirsi a trovare, sia per ragioni di servizio che per necessità di vita sociale.

La rigorosa osservanza delle norme in esso contenute avrà per risultato di eliminare la disparità, più volte riscontrata, nel modo di vestire degli Ufficiali che intervengono ad una medesima riunione, cerimonia, funzione, ecc. disparità che riesce talora stridente e lascia in chi l'osserva, non buona impressione. Nei casi particolari, non contemplati nel presente, per ragioni di imprevedibilità, ognuno potrà ricavare le norme cui attenersi, applicando con discernimento e con opportuna analogia, le prescrizioni impartite.

Nei casi dubbi rivolgersi, volta per volta, ai Comandi di Presidio di Milizia.

A) SERVIZI ARMATI

S'indossa: *l'uniforme di marcia* (allegato n° 1)
oppure: *la grande uniforme g. v.* (allegato n° 3)

Quest'ultima: in occasione di riviste e parate alle quali intervenga S. M. il RE Imperatore; nelle scorte d'onore; nelle guardie d'onore ai Reali Palazzi; al Senato, alla Camera dei Deputati; alle sedi di Alte Personalità alle quali siano resi onori Reali o di carica; nelle funzioni del giuramento di reparti e della benedizione del Labaro; ecc.

Ai campi, alle manovre ed esercitazioni in genere, quando non sia altrimenti prescritto, s'indossa *l'uniforme di marcia con bustina* (allegato n° 2).

B) SERVIZI ISOLATI

a) Servizio giornaliero presso comandi, uffici, stabilimenti, ecc.
   Nelle ore del mattino: *uniforme ordinaria g. v.* (allegato n° 5) [1]
   oppure: *uniforme ordinaria g. v.* (allegato n° 6).
   nelle ore pomeridiane o serali e mattino dei giorni festivi:
   uniforme ordinaria g. v. (allegato n° 6)
   oppure: *uniforme ordinaria g. v.* (allegato n° 7)

b) Servizio di ufficiale di picchetto:
   uniforme ordinaria g. v. con sciarpa (allegato n° 5)

c) Sedute presso Tribunali Militari o Consigli di Disciplina:
   grande uniforme g. v. (allegato n°1)

d) Presentazioni alle LL. MM. il Re Imperatore e la Regina Imperatrice o ai Reali Principi o al Duce:
   nelle ore del mattino:
   grande uniforme g. v. (allegato n° 4)
   nelle ore pomeridiane o serali:
   grande uniforme nera (allegato n° 8)

e) Visite di dovere ai sensi articoli 176 - 178 - 183 e seg. del regolamento di disciplina e giuramento degli ufficiali:
   grande uniforme g. v. (allegato n° 4)

f) Cerimonie funebri:
   quando vi intervengono scorte armate:
   uniforme di marcia (allegato n° 1)
   in tutti gli altri casi:
   uniforme di marcia (allegato n° 2)

g) Ispezioni alle guardie:
   uniforme di marcia (allegato n° 2)
   È facoltativo l'uso dell'*uniforme ordinaria* (allegato n° 5) se trattasi d'ispezioni alle guardie nell'interno della città.

h) Inaugurazione di monumenti e lapidi in commemorazione di Caduti in guerra:
   uniforme di marcia (allegato n° 1)

i) Sedute inaugurali dell'anno giuridico alla Corte d'Appello o alla Corte di Cassazione:
   grande uniforme g. v. (allegato n° 4)

l) Cerimonie d'omaggio all'Altare della Patria o al Pantheon:
   grande uniforme g. v. (allegato n° 4)

m) Rappresentanze d'onore per arrivo o partenza di Alte Personalità alle quali si rendono onori Reali o di carica:
   grande uniforme g. v. (allegato n° 4)

---

1) L'uniforme ordinaria g. v. (allegato n° 5) è, per ovvie ragioni, la più opportuna nelle ore del mattino. Può essere indossata anche nelle ore pomeridiane fino al termine del servizio giornaliero.

n) Altre cerimonie: (nelle quali i civili indossano uniforme del Partito senza decorazioni o abito da passeggio)

    nelle ore del mattino:
uniforme ordinaria g. v. (allegato n° 6)
    nelle ore pomeridiane o serali:
uniforme ordinaria g. v. (allegato n° 6 o allegato n° 7)

C) FUORI SERVIZIO

a) A diporto:
    nelle ore del mattino:
uniforme ordinaria g. v. (allegato n° 5 e n° 6)
    mattino giorni festivi:
uniforme ordinaria g. v. (allegato n° 5 o n° 6 o n° 7)
    nelle ore pomeridiane o serali:
uniforme ordinaria g. v. (allegato n° 6 o n° 7).

b) Riunioni pomeridiane o serali presso privati:
uniforme ordinaria g. v. (allegato n° 6 o n° 7) oppure:
uniforme nera da visita (allegato n° 9 o n° 14) quando, e solamente quando, nel biglietto d'invito, sia esplicitamente indicato, per i civili, l'obbligo di far uso di abito da visita (tight) o da sera (smoking o frak).

c) Trattenimenti danzanti:
uniforme ordinaria g. v. (allegato n° 7) oppure:
uniforme nera da visita (allegato n° 9 o n° 14)
quando, e solamente quando, per i civili sia d'obbligo l'abito da visita o da sera.

d) Spettacoli teatrali:
rappresentazioni diurne:
uniforme ordinaria g. v. (allegato n° 6 o n° 7)

rappresentazioni serali:
uniforme ordinaria g. v. (allegato n° 7)

Per il Reale Teatro dell'Opera e per i teatri nei quali sia obbligo o consuetudine per i civili di far uso di abito da sera, valgono le seguenti disposizioni:

per le serate normali in abbonamento:
uniforme nera da visita (allegato n° 9)

per le serate popolari, per quelle a prezzo ridotto e per le rappresentazioni diurne:
uniforme ordinaria g. v. (allegato n° 7)

per le serate di gala, definite tali nel cartellone o dalle Autorità:
uniforme nera da cerimonia (allegato n° 10)

per le serate nelle quali è preannunciato ufficialmente l'intervento di Persone della Reale Famiglia o del DUCE:
grande uniforme nera (allegato n° 8)

e) Spettacoli cinematografici:
uniforme ordinaria g. v. (allegato n° 6 o n° 7)

D) RICEVIMENTI

a) Ricevimenti, balli, pranzi di Corte:
grande uniforme nera (allegato n° 8)

b) Ricevimenti, balli, colazioni, pranzi offerti da Alte Autorità presso le loro Sedi o Ambasciate:
   1°) Se intervengono persone della Reale Famiglia o il DUCE:
   nelle ore del mattino
   grande uniforme g. v. (allegato n° 4)
   nelle ore pomeridiane o serali:
   grande uniforme nera (allegato n° 8)
   2°) Se, pur non intervenendo le Alte Personalità di cui sopra, è fatto obbligo ai civili di portare le decorazioni:
   nelle ore del mattino:
   grande uni[orme g. v. (allegato n° 4)
   nelle ore pomeridiane e serali:
   uniforme nera da cerimonia (allegato n° 10)
   3°) In tutte le altre circostanze: nelle ore del mattino:
   uniforme ordinaria g. v. (allegato n° 6)
   nelle ore pomeridiane o serali:
   uniforme ordinaria g. v. (allegato n° 7) oppure:
   uniforme nera da visita (allegato n° 9 o n° 14) se per i civili è di prescrizione l'abito da visita o da sera.

c) Cerimonie nuziali:
   grande uniforme g. v. (allegato n° 4)
   Può, in casi particolari (di volta in volta autorizzati dal Comando Generale su richiesta degli interessati, inoltrata per via gerarchica) essere consentito di far uso dell'*uniforme nera da visita* (allegato n° 9 o n° 14) o di *quella da cerimonia* (allegato n° 10).

E) RIUNIONI SPORTIVE

a) **Riunioni sportive, concorsi ippici**: (in sede)
   per gli Ufliciali spettatori:
   uniforme ordinaria g. v. (allegato n° 6)
   per gli Ufficiali partecipanti alle gare:
   uniforme ordinaria g. v. (allegato n° 5)

b) **Riunioni sportive in campagna**: (caccia alla volpe, percorsi di campagna ecc.)
   uniforme ordinaria g. v. (allegato n° 5) *con bustina.*

F) SOLENNITÀ MILITARI E RICORRENZE NAZIONALI

È prescritta per l'intera giornata la grande uniforme: di norma:
   grande uniforme g. v. (allegato n° 4)
nelle ore serali e sempre quando è prescritta (vedasi numeri precedenti) l'uniforme nera:
   grande uniforme nera (allegato n° 8 o allegato n° 13)

G) UNIFORME ESTIVA

Il periodo di tempo in cui è consentita, viene stabilito, di anno in anno, dal Comando Generale; in linea di massima dal 1° Giugno al 15 Settembre:
   1°) L'uniforme ordinaria estiva (allegato n° 11) può essere indossata nei casi previsti:
   al capo B comma a)
   al capo B comma f) solo nel caso in cui l'Ufficiale vi intervenga *non* al comando di truppa:
   al capo C commi a) - b) - c) - d) - e);
   2°) *Uniforme ordinaria estiva con pantaloni corti g. v.* (allegato n° 12) si indossa, nelle ore antimeridiane, montando a cavallo;
   3°) *La grande uniforme estiva* (allegato n° 13) viene indossata in tutti i servizi isolati (capo B), fuori

servizio (capo C), ed in tutte le manifestazioni (capo D e capo E), nelle quali è obbligatoria *la grande uniforme g. v. o nera*;

4°) *Uniforme da visita* (allegato n° 14) si indossa durante la stagione estiva nelle medesime circostanze in cui durante la stagione invernale è prescritta l'uniforme nera da visita.

Le disposizioni precedenti che contrastassero con quelle contenute nel presente devono considerarsi abrogate.

IL SOTTO CAPO DI STATO MAGGIORE
Gauttieri

ALLEGATO n.1
(fig. n° 1 e n° 2)

Composizione dell'uniforme di marcia

Elmetto o copricapo speciale per le specialità
Giubba g. v. con nastrini di decorazioni Camicia nera e cravatta nera
Pantaloni g. v. corti
Gambali o stivaloni o calzatura di marcia
Cinturone con stola e pugnale:
- Pugnale in dotazione ordinaria se al comando di reparto ordinario;
- Pugnale di guerra se al comando di reparto CC. NN. di guerra;
- con la sola pistola non sotto le armi.

Guanti neri
Trecciole
- Ufficiali a disposizione dei generali al seguito dei rispettivi generali.

Sciarpa
- Ufficiali di cui sopra; Ufficiali di guardia agli alloggiamenti.

N. B. Col cappotto il cinturone viene indossato al di sopra del cappotto stesso (fig. n° 15)

NOTE – S'indossa:
- nei servizi armati o di ordine pubblico (quando anche la truppa indossa l'elmetto);
- nelle inaugurazioni di monumenti, lapidi, o partecipando a cerimonie commemorative di caduti in guerra;
- intervenendo in rappresentanza a cerimonie funebri militari (quando intervengono anche scorte armate).

Ai campi, alle manovre, alle esercitazioni in genere, l'elmetto è sostituito dalla bustina (fig. n° 2) (quando non sia diversamente prescritto).

ALLEGATO n. 2
(fig. n° 3)

Composizione dell'uniforme di marcia

Fez o copricapo speciale per le Milizie speciali Giubba g. v. con nastrini di decorazioni
Camicia nera e cravatta nera
Pantaloni g. v. corti
Gambali o stivaloni
Cinturone con pistola
Guanti neri
Trecciole
- Ufficiali a disposizione dei generali al seguito dei rispettivi generali.

Sciarpa
- Ufficiali di cui sopra; Ufficiali di guardia agli alloggiamenti.

N.B. Col cappotto il cinturone viene indossato al disopra del cappotto stesso (fig. n° 15).

NOTE – S'indossa:
- intervenendo in rappresentanza, o anche spontaneamente, a tutte le cerimonie funebri alle quali non partecipi scorta armata;
- nelle ispezioni alle guardie

ALLEGATO n. 3
(fig. n° 4)
Composizione della grande uniforme g. v.

Elmetto o copricapo speciale per le Milizie speciali
Giubba con controspalline metalliche e decorazioni
Camicia nera e cravatta nera
Pantaloni corti
Gambali o stivaloni
Sciarpa
Cinturino dorato
Pugnale e dragona di grande uniforme
Guanti neri
Trecciole
- Ufficiali a disposizione dei generali.

NOTE – S'indossa nei servizi armati e d'onore quando la truppa fa uso della grande uniforme.

ALLEGATO n. 4
(fig. n° 5)
Composizione della grande uniforme g. v.

Fez o copricapo speciale per le Milizie speciali
Giubba con controspalline metalliche e decorazioni
Camicia nera e cravatta nera
Pantaloni corti
Gambali o stivaloni
Sciarpa
Cinturino dorato
Pugnale e dragona di grande uniforme
Guanti neri
Trecciole
- Ufficiali a disposizione dei generali.

NOTE – S'indossa:
- nelle solennità militari o nazionali (genetliaco delle LL. MM. il Re Imperatore, la Regina Imperatrice e di S.A.R. il Principe Ereditario, 1° Febbraio ricorrenza fondazione M. V. S. N., 23 marzo, 21 aprile, ricorrenza dello Statuto, 28 ottobre, 4 novembre);
- partecipando a sedute presso Tribunali Militari o Consigli di Disciplina;
- nelle presentazioni alle LL. MM. o ai RR. PP. o al DUCE (ore del mattino);
- nelle visite di dovere (vedi reg. disciplina militare art. 176 - 178 183);
- allorchè l'Ufficiale compie il giuramento;
- partecipando a sedute inaugurali di anno giuridico presso Corte d'Appello o Corte di Cassazione;
- partecipando a cerimonie di omaggio al Milite Ignoto od al Pantheon;
- partecipando a ricevimenti o manifestazioni ufficiali, che abbiano luogo nelle ore antimeridiane ed alle quali sia previsto intervento in forma ufficiale di Persone della Reale Famiglia o del DUCE, o sia fatto obbligo ai civili di indossare, con l'abito da visita o l'uniforme del Partito, le decorazioni;
- partecipando a cerimonie nuziali;
- partecipando a rappresentanze d'onore per arrivo o partenza di Alte Personalità alle quali si rendono onori Reali o di carica;
- nelle presentazioni di nuovi destinati ad un Corpo e nelle visite di dovere degli Ufficiali stessi ai Generali da cui il Corpo dipende;
- nelle visite di dovere tra Ufficiali della Milizia e delle altre Forze Armate dello Stato;
- in tutte le occasioni in cui venga superiormente ordinato.

N. B. - Nel restituire una visita a bordo di RR. Navi, si veste l'uniforme corrispondente a quella con la quale la fecero gli Ufficiali di marina, nazionali od esteri. Anche gli Ufficiali che si recano a bordo di RR. Navi per comunicazioni relative allo scambio di visite, vestono la grande uniforme.

ALLEGATO n. 5
(fig. n° 6)
Composizione della uniforme ordinaria g. v.

Fez o copricapo speciale per le Milizie speciali
Giubba con nastrini di decorazioni
Camicia nera e cravatta nera
Pantaloni corti
Gambali o stivaloni
Pugnale con dragona nera
Guanti neri
Trecciole
- Ufficiali a disposizione dei generali quando sono al seguito dei rispettivi generali.

Sciarpa
- Ufficiali in accompagnamento di ufficiali generali; Ufficiali in servizio di picchetto alle caserme.

N. B. - Col cappotto g. v. il pugnale deve essere portato esternamente, facendo passare il pendaglio per l'attacco alla giubba, attraverso il foro praticato sul lato sinistro del soprabito (fig. n° 16).

NOTE – S'indossa:
- nel servizio giornaliero di caserma o presso comandi, uffici, stabilimenti ecc.;
- nel servizio di picchetto nelle caserme (con sciarpa);
- nelle ispezioni alle guardie nell'interno della città;
- partecipando attivamente a manifestazioni sportive. Quando si tratta di riunioni di campagna (caccia alla volpe ecc.) s'indossa la bustina.

ALLEGATO n. 6
(fig. n° 6)
Composizione dell'uniforme ordinaria g. v.

Fez o copricapo speciale per le Milizie speciali
Giubba con nastrini di decorazioni
Camicia nera e cravatta nera
Pantaloni corti
Gambali o stivaloni
Pugnale con dragona nera
Guanti neri
Trecciole
- Ufficiali a disposizione dei generali quando sono al seguito dei rispettivi generali.

Sciarpa
- Ufficiali in servizio di accompagnamento di ufficiali generali

NOTE – S'indossa:
- a diporto;
- nel servizio pomeridiano (o al piattino dei giorni festivi) presso comandi, uffici, stabilimenti ecc.;
- intervenendo a cerimonie alle quali i civili intervengono in abito da passeggio e con l'uniforme del P. N. F., senza decorazioni;
- nelle riunioni pomeridiane o serali presso privati;
- intervenendo a rappresentazioni teatrali diurne o popolari (esclusi i grandi teatri lirici) o rappresentazioni cinematografiche;
- intervenendo a manifestazioni sportive come spettatori;
- intervenendo in rappresentanza o quali invitati, alle feste di altre armi o di altri corpi.

ALLEGATO n. 7
(fig. n° 7)
Composizione dell'uniforme ordinaria g. v.

Fez o copricapo speciale per le Milizie speciali
Giubba con nastrini di decorazioni
Camicia nera e cravatta nera
Pantaloni lunghi con risvolto e senza bande [1]
Scarpe basse nere con calze nere e senza speroni
Guanti neri
Trecciole
- Ufficiali a disposizione dei generali quando sono al seguito dei rispettivi generali.
Sciarpa
- Ufficiali in servizio di accompagnamento di ufficiali generali.

NOTE – S'indossa:
- a diporto nelle ore pomeridiane o serali, e mattino giorni festivi;
- nel servizio pomeridiano o al mattino dei giorni festivi presso comandi, uffici, stabilimenti, ecc.; (facoltativo);
- nelle riunioni pomeridiane o serali (quando per i civili non sia prescritto abito da visita o da sera);
- in trattenimenti danzanti (quando per i civili non sia prescritto abito da visita o da sera);
- negli spettacoli teatrali serali (quando per i civili non sia prescritto l'abito da sera: smoking o frak);
- nelle serate popolari, in quelle a prezzo ridotto, nelle rappresentazioni diurne, anche nei grandi teatri lirici.

ALLEGATO n. 8
(fig. n° 8)
Composizione della grande uniforme nera

Fez per tutti
Giubba con spalline di metallo dorato e decorazioni
Camicia nera e cravatta nera
Pantaloni lunghi con sottopiede
Stivalini interi di pelle lucida, senza speroni
Cinturino dorato
Pugnale con dragona dorata
Sciarpa
Guanti bianchi
Trecciole
- Ufficiali a disposizione di generali.

NOTE – S'indossa:
- nelle solennità militari o ricorrenze nazionali (ore serali);
- nella presentazione alle LL. MM. ai RR. PP. al DUCE (ore pomeridiane o serali);
- nei ricevimenti, pranzi serali, balli a Corte o ai quali partecipano in forma ufficiale Persone della Reale Famiglia o il DUCE;
- nelle rappresentazioni teatrali di gala alle quali partecipano le predette Alte Personalità.

ALLEGATO n. 9
(fig. n° 9)
Composizione dell'uniforme nera da visita

Fez per tutti
Giubba con nastrini di decorazioni e spalline di stoffa nera con distintivi di grado
Camicia nera e cravatta nera
Pantaloni lunghi con sottopiede
Stivalini interi di pelle lucida, senza speroni
Guanti bianchi
Trecciole
- Ufficiali a disposizione dei generali quando sono al seguito dei rispettivi generali.
Sciarpa
- Ufficiali in servizio di accompagnamento di ufficiali generali.

---

1) Facoltativo e fino a consumazione il pantalone lungo con bande sottopiede fuori servizio e dopo il tramonto (fig. n° 7-bis).

NOTE – S'indossa:
- in riunioni serali, trattenimenti danzanti, spettacoli teatrali. (serate normali di abbonamento ai grandi teatri lirici) ai quali sia fatto obbligo ai civili di indossare abito da visita (tihgt) o da sera smoking - frak) senza decorazioni;
- nei ricevimenti presso Alte Autorità e Ambasciate (sempre che per i civili sia fatto obbligo dell'abito da sera o da visita senza decorazioni);
- nelle cerimonie nuziali (solo in seguito ad autorizzazione del Comando Generale).

ALLEGATO n. 1O
(fig. n° 10)
Composizione dell'uniforme nera da cerimonia

Fez per tutti
Giubba con decorazioni e spalline di stoffa nera con distintivi di grado
Camicia nera e cravatta nera
Pantaloni lunghi con sottopiede
Stivalini interi di pelle lucida, senza speroni
Cinturino dorato
Pugnale con dragona dorata
Guanti bianchi
Trecciole
- Ufficiali a disposizione dei generali quando sono al seguito dei rispettivi generali

Sciarpa
- Ufficiali in servizio di accompagnamento di ufficiali generali.

NOTE – S'indossa:
- nei ricevimenti, pranzi, balli ufficiali, ai quali sia fatto obbligo ai civili di portare le decorazioni;
- nelle serate di gala ai grandi teatri lirici;
- nelle cerimonie nuziali (quando sia autorizzata dal Comando Generale).

ALLEGATO n. 11
(fig. n° 11)
Composizione dell'uniforme ordinaria estiva

Berretto rigido bianco
Giubba bianca con nastrini di decorazioni
Camicia nera e cravatta nera
Pantaloni lunghi
Scarpe bianche basse di pelle o di tela con calze bianche
Guanti bianchi
Trecciole
- Ufficiali a disposizione dei generali quando sono al seguito dei rispettivi generali.

Sciarpa
- Ufficiali in servizio di accompagnamento di ufficiali generali.

NOTE – S'indossa:
- nel servizio giornaliero presso comandi, uffici, stabilimenti;
- nelle cerimonie funebri allorchè non si ha comando di reparto;
- a diporto;
- nelle riunioni pomeridiane o serali presso privati;
- nei trattenimenti danzanti;
- negli spettacoli teatrali e cinematografici.

ALLEGATO n. 12
(fig. n° 12)
Composizione uniforme ordinaria estiva con pantaloni corti g. v.

Berretto rigido bianco
Giubba bianca con nastrini di decorazioni
Camicia nera e cravatta nera

Pantaloni corti g. v.
Stivaloni o gambali neri
Guanti bianchi

NOTE – S'indossa nelle ore antimeridiane, montando a cavallo.

ALLEGATO n. 13
(fig. n° 13)
Composizione della grande uniforme estiva

Berretto rigido bianco
Giubba con decorazioni
Camicia nera e cravatta nera
Pantaloni lunghi
Scarpe basse bianche di pelle con calze bianche
Sciarpa
Guanti bianchi
Trecciole
- Ufficiali a disposizione dei generali quando sono al seguito dei rispettivi generali.

NOTE – S'indossa in sostituzione alla grande uniforme g. v. (allegato n° 4)

ALLEGATO n. 14
(fig. n° 14)
Composizione dell'uniforme estiva da visita

Berretto rigido bianco
Giubba di seta bianca con nastrini di decorazioni e spalline di stoffa nera con distintivi di grado
Camicia nera e cravatta nera
Pantaloni lunghi neri
Stivalini interi di pelle lucida senza speroni
Guanti bianchi
Trecciole
- Ufficiali a disposizione dei generali quando sono al seguito dei rispettivi generali.
Sciarpa
- Ufficiali in servizio di accompagnamento di ufficiali generali.

NOTE – S'indossa durante la stagione estiva nelle medesime circostanze in cui durante la stagione invernale viene indossata l'uniforme nera da visita.

USO DEI VARI SOPRABITI

1°) Cappotto g. v. - Si usa con tutte le uniformi g. v.; (fig. 16) con l'uniforme di marcia il cinturone va portato sopra il cappotto (fig. 15).

2°) Impermeabile cachi - Ne è consentito l'uso fuori servizio e solo nelle giornate di pioggia;
- non si porta al comando di reparto e con la grande uniforme;
- con l'uniforme di marcia il cinturone va portato sotto l'impermeabile;
- deve essere munito di fascetti al bavero.

3°) Mantello nero - si usa con le uniformi nere. Si porta agganciato con i lembi naturalmente distesi.

4°) Spencer - ne è vietato l'uso.

5°) Cappotto nero - facoltativo, fuori servizio, nelle ore pomeridiane, fino alla sua consumazione.

6°) Impermeabile nero - è tollerato fino al 31 Dicembre 1939.

TAVOLE

Fig. 1

Fig. 2

Fig. 3

Fig. 4

FIG. 5

Fig. 6

FIG. 7

FIG. 7 bis

Fig. 8

Fig. 9

Fig. 10

Fig. 11

Fig. 12

Fig. 13

Fig. 14

Fig. 15

Fig. 16

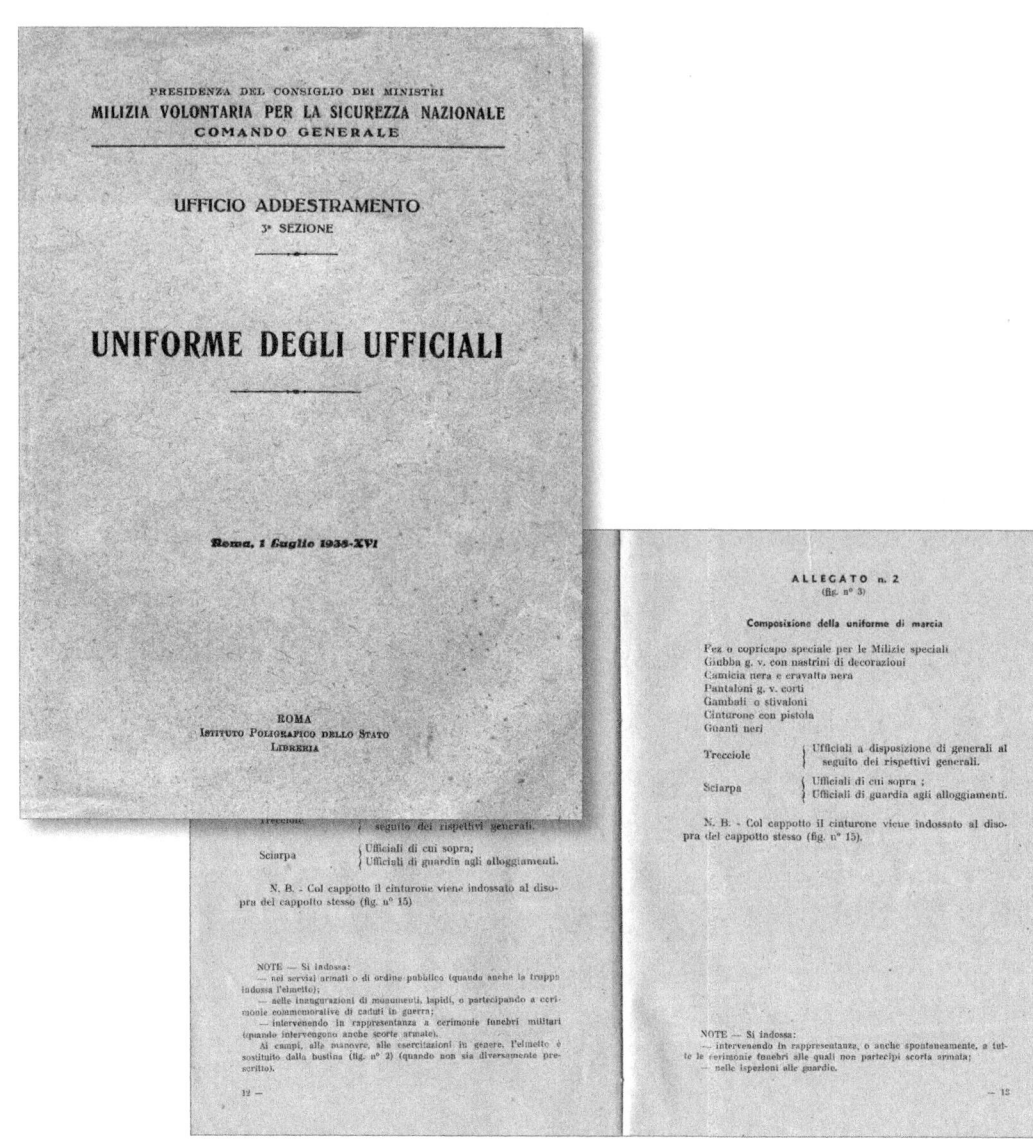

▲ Frontespizio e una pagina interna del Regolamento del 1938

REGOLAMENTO 1941
ISTRUZIONE SULL'UNIFORME DELLA M.V.S.N.

(UFFICIALI, SOTTUFFICIALI E CAMICIE NERE)
(1941-XIX)

PREMESSA

La presente istruzione è stata compilata allo scopo di disciplinare l'uso delle varie uniformi e di coordinare le disposizioni finora emanate che vi si riferiscono.

Tale istruzione sarà sostituita al termine della guerra da un più ampio regolamento comprendente tutte le varie specie di uniforme.

Sono state omesse le disposizioni che si riferiscono all'uniforme nera (il cui uso è presentemente consentito, di volta in volta, in talune circostanze) e quelle relative alla grande uniforme del tempo di pace ed a quella estiva il cui uso è temporaneamente sospeso. Non sono state incluse quelle che si riferiscono all'uniforme dei Moschettieri del Duce, degli Ufficiali della G.I.L. e degli appartenenti alle Milizie Coloniali inquantochè per essi sono da osservarsi le particolari istruzioni vigenti.

Le prescrizioni sulla foggia e sull'uso dell'uniforme sono tassative e la loro osservanza deve essere considerata come sostanziale manifestazione di disciplina e di ordine.

CAPO I
Uniforme degli Ufficiali

1) UNIFORME ORDINARIA G. V.

L'uniforme ordinaria g. v. si compone di:
- Berretto g. v. o cappello alpino per le Specialità o Milizie Speciali che ne sono provviste.
- Giubba g. v. con nastrini di decorazioni.
- Camicia nera e cravatta nera.
- Pantaloni corti g. v.
- Gambali neri con scarpe alte nere o stivaloni neri (marrone per la Milizia Forestale).
- Guanti di pelle nera.
- Trecciole e sciarpa azzurra: per gli Ufficiali a disposizione degli Ufficiali Generali quando sono al loro seguito.
- Sciarpa azzurra: per gli Ufficiali in accompagnamento Ufficiali Generali e Ufficiali di picchetto alle caserme.

Particolari di confezione:

1) Berretto g. v. con distintivi di grado in gallone dorato tessuto su fondo grigio verde e fregi ricamati in oro (vedi tav. 11) Cappello alpino: fregio e distintivi di grado (ad angolo) ricamati in oro. Nappina di metallo dorato per le Milizie Forestale e Confinaria.

2) Giubba g. v. aperta con bavero rovesciato. Ha quattro bottoni di metallo dorato per la bottoniera centrale e quattro piccoli per le tasche portanti in rilievo l'aquila per gli Ufficiali Generali e il fregio della Milizia Ordinaria, Specialità o Milizie Speciali, per gli altri. Tasche applicate esternamente, con lembo copritasca, a doppia piega centrale (non a soffietto). Cinturino di stoffa. Controspalline larghe alla base cm. 5,5 e lunghe in modo che internamente lambiscano il bavero della giubba ed esternamente non sorpassino la spalla. Sono foderate e filettate con panno del colore stabilito e portano al centro il fregio (aquila per i Generali) contornato da una piccola filettatura di mm. 0,5 dello stesso colore (rosso per i Generali); sono assicurate alla spalla mediante una linguetta, un passante e un bottoncino dorato a vite.

Le controspalline sono (vedi Tav. 16):
- di tessuto d'argento per il 1° Caporale d'Onore, i Caporali d'Onore e gli Ufficiali Generali;
- di tessuto diagonale g. v. per gli Ufficiali superiori ed inferiori.

Mostreggiatura: fiamme a due punte, lunghezza mm. 90, larghezza mm. 40. Fascetti di metallo dorato per i Caporali d'onore e gli Ufficiali Generali, di metallo argentato per gli Ufficiali superiori ed inferiori, di smalto rosso per gli squadristi. Dimensioni mm. 20 x 4. Distintivi di grado in gallone e galloncino dorato, posti al disopra della manopola, della lunghezza di mm. 80.

Il Capo di Stato Maggiore porta sotto i distintivi di grado quelli della carica ricamati in oro su panno rosso. Filettatura nera alle manopole. Altezza delle manopole da 60 a 90 mm. a seconda della statura dell' Ufficiale.

3) Camicia nera in tela o seta con collo floscio rovesciato e cravatta nera lunga.

4) Pantaloni corti g. v. con bande nere doppie di mm. 20 ognuna separate da una filettatura g. v. di mm. 2. Per il I° Caporale d'Onore e Caporali d'Onore la filettatura è di panno rosso e le bande sono bordate pure di panno rosso (mm. 2).

Per gli Ufficiali Generali la filettatura è in tessuto dorato.

Gli Ufficiali delle Specialità e Milizie Speciali portano la filettatura di panno del colore relativo alla Specialità o Milizia Speciale alla quale appartengono.

Si indossa:
- nel servizio giornaliero di caserma o presso comandi, uffici, stabilimenti, ecc.;
- nel servizio di picchetto in caserma (con cinturone, pistola e sciarpa azzurra);
- nelle ispezioni alle guardie nell'interno della città (con cinturone e pistola);
- intervenendo a cerimonie alle quali i civili intervengono in abito da passeggio o con l'uniforme del P.N.F., senza decorazioni;
- intervenendo a rappresentazioni teatrali diurne o popolari (esclusi i grandi teatri lirici) o rappresentazioni cinematografiche;
- intervenendo a manifestazioni sportive. (Partecipando a riunioni di campagna - caccia alla volpe, ecc., si indossa il berretto da campo);
- intervenendo in rappresentanza o quali invitati alle feste di altre armi o di altri corpi.

N. B. - Durante il tempo di guerra è consentito anche l'uso dell'uniforme ordinaria di panno diagonale g. v. adeguata a quella di guerra: controspalline senza fregi e filettatura, cucite all'attaccatura della manica - bottoni di frutto - pantaloni con bande - nastrini di decorazioni e distintivi di grado normali.

Uso del pantalone lungo.

Il pantalone lungo senza bande e con risvolti si indossa:
- a diporto nelle ore pomeridiane o serali, nel servizio pomeridiano e al mattino dei giorni festivi

presso comandi, uffici, stabilimenti, ecc., (facoltativo);
- nelle riunioni pomeridiane o serali;
- in trattenimenti danzanti;
- negli spettacoli serali;
- nelle serate popolari, in quelle a prezzo ridotto, e nelle rappresentazioni diurne dei grandi teatri lirici.

Col pantalone lungo si portano scarpe basse nere e calze nere.

2) UNIFORME DA GUERRA

L'uniforme da guerra si compone di:
- Elmetto o berretto da campo (cappello alpino per le Milizie Confinaria - Forestale).
- Giubba di panno g. v. con nastrini di decorazioni di dimensioni ridotte (facoltativa la giubba sahariana).
- Camicia nera con cravatta nera.
- Pantaloni corti di panno g. v.
- Fasce mollettiere g. v. o calzettoni g. v. con scarpe di cuoio naturale o nere oppure stivaloni o gambali neri (marrone per la Milizia Forestale).
- Guanti di pelle nera[1].
- Cinturone di cuoio nero, con pistola e pugnale da guerra[2].
- Sciarpa azzurra: per gli Ufficiali a disposizione quando sono al seguito dei rispettivi Ufficiali Generali, per gli Ufficiali in accompagnamento di Ufficiali Generali e per gli Ufficiali di guardia agli alloggiamenti.

Particolari dei singoli oggetti:

1) Elmetto metallico g. v. con il fregio verniciato in nero.

Berretto da campo di panno o tela g. v. foggiato a busta con fregio di dimensioni ridotte ricamato in raion giallo. Per il I° Caporale d'Onore ed i Caporali d'Onore il fregio è ricamato in raion giallo su panno rosso.

Distintivi di grado pure ricamati in raion giallo (vedi tav. 13).

Cappello alpino: fregio e distintivi di grado ricamati in raion giallo. Nappina di metallo brunito per la Milizia Forestale e la Milizia Confinaria.

2) Giubba di panno g. v.: è per la foggia ed il panno simile a quella attualmente in uso per la truppa. Senza cinturino di stoffa e senza filettatura alle manopole.

Mostreggiatura per bavero: fiamme nere a due punte lunghezza mm. 60 larghezza mm. 32.

Bottoni lisci di frutto g. v. con gambo.

Controspalline senza alcun fregio, distintivo o filettatura, cucite con la base all'attaccatura delle maniche e fissate all'altra estremità con un bottone liscio di frutto g. v. con gambo.

Distintivi di grado: della forma in uso per il tempo di pace ma in raion giallo e di dimensioni ridotte (gallone e galloncino rispettivamente larghi mm. 12 e mm. 5, lunghi mm. 50, occhiello a losanga ridotto in proporzione (vedi tav. 17-18). Si portano applicati al centro del lato esterno della manopola.

Il Capo di Stato Maggiore porta sotto i distintivi di grado quelli della sua carica ricamati in raion su panno rosso.

Nastrini di decorazioni: di dimensioni ridotte: larghezza mm. 5 lunghezza mm. 20.

Fasci per bavero: per i Caporali d'Onore ed Ufficiali Generali in metallo dorato, per gli Ufficiali superiori ed inferiori in metallo argentato; per gli squadristi in smalto rosso. Dimensioni mm. 20 x 4.

---

1   Facoltativo fino a consumazione l'uso dei guanti e del cinturone di cuoio marrone.
2   Facoltativo fino a consumazione l'uso dei guanti e del cinturone di cuoio marrone.

I distintivi per Aiutanti di Campo, Aiutanti Maggiori, Ufficiali a disposizione, ferite, ecc., sono confezionati in raion giallo. Il distintivo di squadrista è uguale a quello dell'uniforme ordinaria g. v.

3) Pantaloni di panno g. v.: senza bande.

Si indossa:

nel periodo di guerra con i reparti mobilitati.

3) GRANDE UNIFORME PER IL TEMPO DI GUERRA.

Durante il periodo di guerra in tutte le circostanze in cui è prescritta la grande uniforme sarà indossata quella ordinaria g. v. con cinturone nero e pistola, (pistola e pugnale da guerra se al comando di reparto armato) decorazioni, guanti neri, sciarpa azzurra e berretto rigido (elmetto nero nei servizi armati con truppa in grande uniforme - elmetto g. v. per i reparti mobilitati con il R.E.).

Si indossa:
- nelle solennità militari o nazionali;
- partecipando a sedute presso Tribunali Militari o Consigli di disciplina;
- nelle presentazioni alle Loro Maestà o ai Reali Principi o al Duce;
- nelle presentazioni al Corpo e nelle visite di dovere ai superiori diretti, alle autorità militari, civili politiche e religiose;
- allorchè l'Ufficiale compie il giuramento;
- partecipando a sedute inaugurali di anno giuridico presso le Corti d'Appello o Corti di Cassazione;
- partecipando a cerimonie di omaggio al Milite Ignoto od al Pantheon;
- partecipando a ricevimenti o manifestazioni ufficiali che abbiano luogo nelle ore antimeridiane ed alle quali sia previsto intervenga in forma ufficiale persona della Reale Famiglia o il Duce o sia fatto obbligo ai civili di indossare con l'abito da visita o l'uniforme del Partito, le decorazioni;
- partecipando a cerimonie nuziali;
- partecipando a rappresentanze d'onore per arrivo o partenza di alte personalità alle quali si rendano onori reali o di carica;
- in tutte le occasioni in cui venga superiormente ordinato.

4) UNIFORME DA MARCIA

È identica a quella ordinaria g.v. con cinturone nero[3], pistola (pistola e pugnale da guerra se al comando di reparto armato), berretto da campo g. v. (oppure berretto g. v. rigido o cappello alpino per le specialità che ne sono dotate) o elmetto metallico nero a seconda delle circostanze. Guanti neri (facoltativi quelli color marrone).

Con l'uniforme da marcia ai campi, manovre ed esercitazioni di campagna è consentito l'uso della giubba sahariana di panno g. v. o di tela g. v.

Particolari della giubba sahariana (vedi tav. 3).

- giubba ad un solo petto, chiusa sul davanti con quattro bottoni di osso lisci g. v. Porta quattro tasche applicate esternamente che hanno al centro una doppia piega di circa mm. 30; le tasche superiori sono chiuse con bottoncino d'osso liscio g. v.; hanno un lembo ampio sagomato che dalla spalla scende fino all'altezza delle tasche stesse. Quelle inferiori sono chiuse da un bottoncino di osso liscio g. v. che ferma il lembo copritasca sagomato. Cinturino di stoffa alto mm. 40.

- controspalline g. v. senza alcun fregio, distintivo o filettatura cucite all'attaccatura della manica e fissate con un bottone di osso liscio g. v.

---

3   Facoltativo fino a consumazione l'uso dei guanti e del cinturone di cuoio marrone.

- distintivi di grado, nastrini di decorazioni, fiamme e fascetti come prescritti per l'uniforme da guerra.

L'uniforme da marcia si indossa:
- nei servizi armati o di ordine pubblico;
- nelle inaugurazioni di monumenti, lapidi o partecipando a cerimonie commemorative di caduti in guerra;
- intervenendo in rappresentanza o spontaneamente a cerimonie funebri;
- nelle ispezioni alle guardie;
- ai campi, manovre, esercitazioni di campagna.

5) UNIFORME DEI CAPPELLANI

Uniforme ordinaria.

I cappellani, in tempo di pace, continuano, nel servizio ordinario nella Milizia, ad indossare l'abito talare dell'ordine ecclesiastico cui appartengono, apponendo ad esso unicamente i fascetti sul bavero, le controspalline, i nastrini di decorazioni, il fregio ed il distintivo del grado di assimilazione sul cappello (vedi tav. 11).

Particolari di confezione.

a) Fascetti di metallo (analoghi a quelli stabiliti per gli altri Ufficiali) applicati al colletto dell'abito talare. Dimensioni mm. 20 x 4.

b) Controspalline di panno nero con sopra ricamato in oro il fascio crociato e il distintivo del grado di assimilazione.

c) Fregio costituito dal fascio crociato su panno robbio per l'Ispettore e panno nero per tutti gli altri.

d) Distintivo di grado per cappello: analogo a quello del grado di assimilazione applicato attorno alla calotta.

Grande uniforme per il tempo di guerra.

È simile a quella ordinaria con decorazioni.

Uniforme da guerra.

L'uniforme da guerra dei cappellani è simile a quella degli Ufficiali; di panno g. v. con i distintivi del grado di assimilazione e una croce rossa in panno di cm. 12 di altezza sul lato sinistro del petto al disotto dei nastrini delle decorazioni. Sotto la giubba i cappellani portano un panciotto che è chiuso al collo da pistagna involgente la parte superiore del collare ecclesiastico.

Invariato il fregio per il copricapo, ricamato in raion giallo.

Tale uniforme è consentita soltanto presso i reparti mobilitati in zona d'operazioni quando non sia possibile indossare l'abito talare.

6) SOPRABITI PER UFFICIALI

a) Cappotto di panno g. v.

È di castorino g. v., di dimensioni ampie e comode, con le seguenti caratteristiche:
- è a doppio petto col bavero munito di fascetti e di fiamme nere, filettate per le Milizie Speciali e Specialità bavero normalmente aperto, ma chiudibile mediante ripiegamento dei risvolti inferiori;
- ha davanti sei bottoni grandi metallici dorati e posteriormente altri due sulla martingala che è provvista di asole per l'allargamento;
- non ha controspalline;
- ha i paramani alti cm. 12 rovesciabili. Al disopra di essi sono posti i distintivi di grado simili a

quelli della giubba;
- sul fianco sinistro ed a giusta altezza è praticata un'apertura verticale;
- ha posteriormente un piegone centrale, chiuso con 5 bottoni dorati piccoli, che consente l'allargamento quando necessario;
- la sua lunghezza deve essere proporzionata alla statura dell'Ufficiale; comunque, dovendo ben coprire ma lasciare indispensabile libertà di movimento non deve mai restare al disopra dell'orlo degli stivali nè scendere al disotto di esso più di 10 cm.

Si indossa:
- con l'uniforme ordinaria g. v. e con la grande uniforme g. v. nella stagione invernale;
- in qualunque stagione quando le condizioni climatiche lo richiedano.

b) Pastrano da campagna:
- È di panno g. v. da truppa, a un solo petto, di taglio molto ampio, scampanato. Bottoniera interna. Bavero a taglio circolare rialzabile e chiudibile, munito di fascetti. Cappuccio applicabile mediante bottoni di frutto g. v.;
- controspalline di panno g. v. senza fregi e filettatura, cucite con la base all'attaccatura della manica. Non ha paramani. Distintivi di grado simili a quelli della giubba dell'uniforme di guerra ed applicati analogamente;
- sul davanti ha, ai lati, a giusta altezza, due tasche a taglio verticale.
- la sua lunghezza deve essere proporzionata alla statura dell'Ufficiale. Non deve in ogni caso restare al disopra dell'orlo degli stivali nè scendere al disotto di esso più di 10 cm.

Si indossa:
- con l'uniforme da guerra e da marcia nella stagione invernale;
- in qualunque stagione quando le condizioni climatiche lo richiedano.

c) Impermeabile (facoltativo).

È di tessuto impermeabile color cachi, di taglio ampio a due petti; bottoniera interna; cintura alta cm. 5 della stessa stoffa e fibbia di metallo brunito; maniche con manopole a risvolto alte mm. 50.

Ha due tasche laterali a taglio verticale e quella di sinistra ha un'apertura interna.

Nella parte posteriore è aperto verso il basso per una lunghezza di cm. 50.

Porta sul bavero fascetti analoghi a quelli stabiliti per la giubba g. v.

Si indossa:
Con tempo piovoso, fuori servizio.

d) Giubbone di pelle.

È di pelle nera, foderato di flanella, a taglio molto ampio e a bavero rovesciato. Deve avere tale lunghezza da giungere a circa 10 cm. sopra il ginocchio. È provvisto di cintura con fibbia e passante. Sulle falde anteriori sono praticate due tasche a taglio verticale. Sul bavero porta i fascetti.

Uso:
è consentito agli Ufficiali che sono alla guida di automezzi.

CAPO II
Uniforme dei Sottufficiali

AIUTANTI E MARESCIALLI

7) UNIFORME ORDINARIA G. V.

L'uniforme ordinaria g. v. si compone di:
- Berretto rigido g. v. (cappello alpino per gli appartenenti alla Milizia Confinaria - Milizia Forestale - Milizia Universitaria).
- Giubba g. v. con nastrini di decorazioni.
- Camicia nera e cravatta nera.
- Pantaloni corti g. v.
- Gambali neri con scarpe alte nere o stivaloni neri (marrone per la Milizia Forestale).
- Cinturino di stoffa g. v. con pugnale da sottufficiale.
- Guanti di pelle nera.

Particolari di confezione:
1) Berretto rigido di castorino g. v. con fregio ricamato in argento su panno g. v.

Distintivo di grado: gallone d'argento alto mm. 16 con la parte centrale striata di seta nera per un'altezza di mm. 12.

Cappello alpino di castorino g. v. con fregio ricamato in argento su panno g. v.; senza nappina nè penna salvo le Milizie Forestale e Confinaria che portano la sola nappina in metallo argentato; distintivo di grado dello stesso gallone del berretto rigido, posto ad angolo.

2) Giubba di stoffa diagonale ad un petto, chiusa con quattro bottoni di metallo argentato con in rilievo il fregio della Milizia ordinaria, della Specialità o della Milizia speciale.

Cinturino di stoffa, alto mm. 40 con attacco per pugnale. Fiamme nere a due punte di mm. 90 x 40. Fascetti di metallo argentato di. mm. 30 x 5 (in smalto rosso per gli squadristi).

Quattro tasche applicate (non a soffietto) chiuse con quattro bottoni piccoli di metallo argentato simili a quelli della bottoniera. Controspalline con fregio della Milizia ordinaria, Specialità o Milizia Speciale e distintivi di grado consistenti in uno o più galloncini d'argento striati in seta nera posti trasversalmente (tav. 20). Sono assicurate alla spalla mediante una linguetta ed un passante ed un bottoncino argentato a vite. Le manopole e le controspalline sono filettate in nero (mm. 2).

Gli appartenenti alle Specialità e Milizie Speciali portano le fiamme, le manopole e le controspalline filettate con il rispettivo colore.

Quelli delle Milizie Speciali portano orizzontalmente al centro delle manopole un alamaro in lana nera delle dimensioni di mm. 100 x 20 filettato con panno del rispettivo colore

3) Pantaloni corti g. v. dello stesso tessuto della giubba. Hanno, lungo la cucitura, una banda formata da una striscia di panno nero di mm. 20.

Gli appartenenti alle Milizie Speciali e alla Milizia Confinaria portano le bande doppie con una filettatura centrale di mm. 1 del colore relativo alle specialità stesse.

Si indossa:
- nel servizio giornaliero di caserma o presso comandi, uffici, stabilimenti, ecc.;
- intervenendo a manifestazioni sportive o intervenendo in rappresentanza o quale invitato alle feste di altre Forze armate;
- intervenendo a cerimonie alle quali i civili intervengono in abito da passeggio o con l'uniforme del P.N.F. senza decorazioni.

Uso del pantalone lungo:

Per gli aiutanti e marescialli è facoltativo fuori servizio e negli uffici, durante le ore pomeridiane, l'uso del pantalone lungo della stessa stoffa della giubba senza bande e senza risvolto, con scarpe nere basse e calze nere.

8) UNIFORME DA GUERRA

L'uniforme da guerra si compone di:
- Elmetto o berretto da campo g. v. (cappello alpino per le Milizie Forestale e Confinaria).
- Giubba di panno g. v. con nastrini di decorazioni di dimensioni ridotte.
- Camicia nera con cravatta nera.
- Pantaloni corti di panno g. v.
- Fasce mollettiere g. v. o calzettoni g. v. con scarpe di cuoio naturale oppure stivaloni neri o gambali neri con scarpe alte nere (marrone per la Milizia Forestale).
- Guanti di pelle nera.
- Cinturone di cuoio nero (marrone per la Milizia Forestale) con pistola e pugnale da guerra[4].

Particolari di confezione:

1) Elmetto metallico g. v. con il fregio verniciato in nero.

Berretto da campo (della foggia indicata per gli Ufficiali) di panno o tela g. v. con fregio di dimensioni ridotte ricamato in raion bianco.

Distintivo di grado: gallone da aiutante di dimensioni ridotte ricamato in raion bianco.

Cappello alpino: fregio in raion bianco e galloni distintivi di grado ricamati in raion bianco. Nappina di metallo brunito per le Milizie Forestale e Confinaria.

2) Giubba di panno g. v. simile, per la foggia ed il panno, a quella attualmente in uso per la truppa. Senza cinturino di stoffa e senza filettatura alle manopole.

Fiamme nere a due punte lunghezza mm. 60 larghezza mm. 32.
Bottoni lisci di frutto g. v. con gambo.

Controspalline: senza alcun fregio cucite con la base all'attaccatura della manica e fissate all'altra estremità con un bottone di frutto liscio g. v. con gambo.

Distintivi di grado: galloncini sulle controspalline ricamati in raion bianco. Nastrini di decorazioni: di dimensioni ridotte larghezza mm. 5 lunghezza mm. 20.

Fasci per bavero: in metallo bianco; squadristi in smalto rosso. Dimensioni mm. 30 x 5.

3) Pantaloni di panno g. v. senza bande.

Si indossa:
nel periodo di guerra con i reparti mobilitati

9) GRANDE UNIFORME PER IL TEMPO DI GUERRA

Durante il periodo di guerra in tutte le circostanze in cui è prescritta la grande uniforme sarà indossata quella ordinaria con decorazioni. Cinturone di cuoio nero (marrone per la Milizia Forestale) con pistola e pugnale da guerra. Guanti neri. Berretto rigido o cappello alpino (elmetto nero nei servizi armati con truppa, elmetto g.v. per i reparti mobilitati con il R.E.).

Si indossa:
- nelle solennità militari o nazionali.
- comparendo dinanzi a un Tribunale militare.
- partecipando a cerimonie nuziali.
- in tutte le occasioni in cui venga ordinato.

---

4   Gli Aiutanti portano in sostituzione della pistola il moschetto mod. 91 da cav. quando sono inquadrati con truppa armata.

10) UNIFORME DA MARCIA

È identica a quella ordinaria g. v. con pantaloni corti, cinturone nero (marrone per la Milizia Forestale) con pistola e pugnale da guerra; berretto da campo g.v. (o copricapo normale per le Specialità e Milizie speciali che non hanno in dotazione il berretto da campo) oppure elmetto metallico nero nei servizi armati.

Si indossa:
- nei servizi armati o di ordine pubblico.
- nelle inaugurazioni di monumenti, lapidi o partecipando a cerimonie commemorative di caduti di guerra.
- intervenendo in rappresentanza o spontaneamente a cerimonie funebri.
- nelle ispezioni alle guardie.
- ai campi, manovre, esercitazioni di campagna.

UNIFORME DEI PRIMI CAPI SQUADRA - CAPI SQUADRA - BRIGADIERI E VICE BRIGADIERI.

11) UNIFORME ORDINARIA G. V.

L'uniforme ordinaria g. v. si compone di:
- Berretto rigido g. v. (cappello alpino per le Milizie Forestale, Confinaria e Universitaria).
- Giubba di panno g. v. con nastrini di decorazioni.
- Camicia nera e cravatta nera.
- Pantaloni corti di panno g. v.
- Gambali neri con scarpe alte nere o stivaloni neri (di color marrone per la Milizia Forestale).
- Cinturino di panno g.v. con pugnale. Bandoliera con pistola per le Milizie speciali, conduttori d'automezzi e palafrenieri.
- Guanti di pelle nera.

Particolari dei singoli oggetti:
1) Berretto rigido g. v. simile a quello degli aiutanti, senza distintivi di grado.
Fregio ricamato in argento su panno g. v.

Cappello alpino simile a quello degli aiutanti con fregio ricamato in argento senza distintivi di grado. Nappina di velluto di vario colore, a seconda della Legione per la Milizia Forestale e di velluto nero per la Confinaria.

2) Giubba di panno g. v. di stoffa diagonale ad un petto con quattro tasche e cinturino di stoffa con attacco per il pugnale, chiusa con quattro bottoni di metallo bianco (analoghi a quelli degli aiutanti).

Le tasche sono chiuse da bottoni piccoli di metallo bianco analoghi a quelli della bottoniera centrale. Fiamme nere a due punte come per gli aiutanti. Dimensioni mm. 90 x 40.

Le Specialità e Milizie Speciali le portano filettate con il colore rispettivo. Fascetti regolamentari delle dimensioni di mm. 30 x 5 (come per gli aiutanti).

Controspalline con fregio e filettatura (come per gli aiutanti). Sono assicurate alla spalla mediante una linguetta ed un passante ed un bottoncino argentato a vite. Gli appartenenti alle Milizie speciali portano orizzontalmente al centro delle manopole un alamaro di lana nera delle dimensioni di mm. 100 x 20 filettato di panno del colore della Milizia Speciale.

Distintivi di grado sulle maniche confezionati in gallone di tessuto argentato fatti a V (vedi tav. 20). Sono applicati in modo che il vertice dell'angolo sia situato al centro della mezza manica superiore esterna e ad un terzo circa dell'intera manica a partire dalla spalla. L'apertura dell'angolo è di 90 gradi e la lunghezza delle ali è di mm. 60.

3) Pantaloni corti g. v. con banda di panno nero larga mm. 20. Gli appartenenti alle Milizie Speciali ed alla Milizia Confinaria portano doppie bande con al centro una filettatura di mm. 1 del colore rispettivo.

Si indossa:
- nel servizio giornaliero di caserma, presso comandi, uffici, stabilimenti;
- intervenendo a manifestazioni sportive o intervenendo in rappresentanza o quale invitato alle feste di altre Forze armate;
- intervenendo a cerimonie alle quali i civili intervengono in abito da passeggio o con l'uniforme del P.N.F. senza decorazioni.

12) UNIFORME DA GUERRA

L'uniforme da guerra si compone di:
- Elmetto o berretto da campo g. v. (cappello alpino per le Milizie Forestale e Confinaria).
- Giubba di panno g. v. con nastrini di decorazioni di dimensioni ridotte (mm. 20 x 5).
- Camicia nera e cravatta nera.
- Pantaloni corti di panno g. v.
- Fasce mollettiere g. v. o calzettoni g. v. con scarpe di cuoio naturale.
- Cinturino con giberne, moschetto mod. 91 e pugnale da guerra. Bandoliera con pistola e moschetto mod. 91 per le Milizie Speciali, conduttori d'automezzi e palafrenieri. Bandoliera g.v. con pistola per la Milizia Artiglieria Contraerei e la Milizia Artiglieria Marittima.

Particolari di confezione:
1) Elmetto metallico grigio verde con fregio verniciato in nero.
Berretto da campo di panno g. v. con fregio ricamato in raion bianco senza distintivo di grado.
Cappello alpino: fregio ricamato in raion bianco senza distintivi di grado e senza nappina nè penna salvo le Milizie Forestale e Confinaria che portano la sola nappina di velluto di vario colore, a seconda della Legione, per la Milizia Forestale e di velluto nero per la Milizia Confinaria.
2) Giubba di panno g. v. simile a quella della truppa.
Senza cinturino di stoffa e senza filettatura alle manopole.
Bottoni di frutto lisci g. v. con gambo.
Fiamme nere a due punte di mm. 60 per mm. 32.
Controspalline senza alcun fregio o distintivo cucite con la base all'attaccatura della manica e fissate all'altra estremità con un bottone di frutto liscio g. v. con gambo.
Distintivi di grado come per l'uniforme ordinaria ma ricamati in raion bianco e con le ali ridotte a mm.25. Nastrini di decorazioni di dimensioni ridotte larghezza mm. 5, lunghezza mm. 20.
Fascetti per bavero di metallo bianco; in smalto rosso per gli squadristi. Dimensioni mm. 30 x 5.
3) Pantaloni corti g. v. senza bande.

Si indossa:
nel periodo di guerra con i reparti mobilitati.

13) GRANDE UNIFORME PER IL TEMPO DI GUERRA

Durante il periodo di guerra in tutte le circostanze in cui è prescritta la grande uniforme sarà indossata quella ordinaria con decorazioni.

Nei servizi armati con truppa: uniforme da marcia con decorazioni ed elmetto nero. (elmetto g. v. per i reparti mobilitati con il R. E.).

Si indossa:
- nelle solennità militari e nazionali;
- comparendo dinanzi a un Tribunale militare;
- partecipando a cerimonie nuziali;

- in tutte le occasioni in cui venga ordinato.

14) UNIFORME DA MARCIA

È identica a quella ordinaria g. v. con fasce gambiere nere e calzerotti bianchi - scarpe nere - cinturino con giberne, moschetto mod. 91 e pugnale da guerra. Bandoliera con pistola per le Milizie speciali, Milizia Artiglieria Contraerei, Milizia Artiglieria Marittima, conduttori d'automezzi e palafrenieri. Berretto da campo g.v., (o copricapo normale per le Specialità e Milizie speciali che non hanno in dotazione il berretto da campo) oppure elmetto metallico nero nei servizi armati.

Si indossa:
- nei servizi armati o di ordine pubblico;
- nelle cerimonie commemorative dei caduti in guerra.
- nelle cerimonie funebri.
- nelle ispezioni alle guardie.
- ai campi, manovre, esercitazioni di campagna.

15) SOPRABITI PER SOTTUFFICIALI

1) Cappotto di panno g. v.

È di panno da sottufficiale di foggia uguale a quella degli Ufficiali. Sulle spalle ha applicate le controspalline come per la giubba g. v. Gli aiutanti ed i marescialli portano i distintivi di grado sulle controspalline; gli altri sottufficiali portano i distintivi di grado sulle maniche del cappotto uguali a quelli prescritti per la giubba.

Al bavero sono applicati i fascetti e le fiamme nere come per la giubba g. v.

Col cappotto il pugnale deve essere portato esternamente, facendo passare il pendaglio attraverso l'apertura praticata sul lato sinistro del cappotto stesso.

Con l'uniforme da marcia il cinturone va portato sopra il cappotto.

La lunghezza del cappotto deve essere tale da non restare mai al disopra dell'orlo degli stivali o gambali nè scendere al disotto di esso più di 10 cm.

Si indossa:
- con l'uniforme g. v. nella stagione invernale;

2) Impermeabile (facoltativo):

di colore cachi con le seguenti caratteristiche:
- a un petto;
- foggia a campana;
- cintura della stessa stoffa con fibbia in metallo dello stesso colore, corrente entro due passanti fissati ai fianchi dell'impermeabile;
- la lunghezza deve essere tale da non restare mai al disopra dell'orlo degli stivali o gambali nè scendere al disotto di esso più di 10 cm.
- facoltativo l'uso del cappuccio;
- fascetti al bavero.

Ne è consentito l'uso fuori servizio e solo con tempo piovoso agli aiutanti e primi capi squadra; non si porta con la grande uniforme.

Per i sottufficiali della Milizia Stradale e Portuaria seguita ad essere di prescrizione l'impermeabile bleu scuro del tipo aeronautica.

Per i sottufficiali della Milizia Ferroviaria (esclusi marescialli) l'impermeabile è di colore grigio verde.

3) Giubbone in pelle.

Simile a quello degli Ufficiali.

Sul bavero porta i fascetti e i distintivi di grado.

È portato in servizio dalla Milizia della Strada e dai conduttori d'automezzi.

CAPO III
Uniforme dei graduati e delle Camicie Nere

16) UNIFORME ORDINARIA G. V.

L'uniforme ordinaria g. v. dei graduati e camicie nere si compone di:

- Berretto a fez rigido (berretto a fez per gli appartenenti ai battaglioni d'assalto); oppure: cappello alpino per le Milizie: Forestale, Confinaria e Universitaria.

oppure: berretto rigido di panno g. v. per le Milizie: Ferroviaria, Portuaria, Stradale, Postelegrafica, Artiglieria Marittima, Artiglieria Contraerei; per gli appartenenti alle bande di Zona, per i conduttori di automezzi e per i palafrenieri.

- Giubba di panno g. v. con nastrini di decorazioni.
- Pantaloni corti di panno g. v.
- Camicia nera e cravatta nera.
- Cinturino di cuoio g. v. (di stoffa per le giubbe nuovo tipo) con pugnale (pugnale e pistola per la Milizia confinaria). Bandoliera con pistola per le Milizie speciali, per i Conduttori d'automezzi e per i palafrenieri. Bandoliera g. v. e sciabola baionetta per la Milizia Artiglieria Controaerei e Milizia Artiglieria Marittima.
- Fasce gambiere nere con calzerotti bianchi e scarpe nere; oppure gambali neri e scarpe alte nere per gli appartenenti alle Milizie: Ferroviaria, Portuaria, Postelegrafica, Stradale e per i conduttori di automezzi. Gambali e scarpe alte di color marrone per la Milizia Forestale. Scarpe nere, gambali neri e speroni del tipo cavalleria per i palafrenieri.

Particolari di confezione:

1) Berretto a fez rigido: cupola in feltro nero foggiato a colbacco con al centro un fiocco di seta nera. Fascia di feltro nero con bordo di seta nera cordonata.

Fregio in metallo bianco. Nessun distintivo di grado.

Berretto a fez: di foggia uguale a quella dei bersaglieri, in feltro nero con fiocco nero.

Berretto di panno g. v. rigido: simile a quello dei sottufficiali senza distintivi di grado e con fregio di metallo bianco. Cappello alpino: simile a quello dei sottufficiali ma di feltro per truppa, senza nappina e senza penna salvo le Milizie Forestale e Confinaria che portano la sola nappina. La nappina è di vario colore, a seconda della Legione, per la Milizia Forestale e di velluto nero con fascio littorio di metallo bianco, per la Milizia Confinaria.

2) Giubba g. v. di panno g. v. a un petto con bavero rovesciato chiudibile e bottoniera centrale con quattro bottoni di metallo bianco (analoghi a quelli dei sottufficiali).

Porta applicate quattro tasche con lembo superiore chiuso con bottone piccolo di metallo bianco analogo a quelli della bottoniera.

Fiamme nere a due punte lunghe mm. 90 larghe mm. 40.

Fascetti di metallo bianco di mm. 30 x 5. In smalto rosso per gli Squadristi.

Le controspalline sono lisce senza fregio, distintivo o filettatura, con la base cucita all'attaccatura della manica e fissate all'altra estremità con un bottoncino a vite di metallo bianco (analogo a quello delle tasche).

I graduati e cc. nn. delle Milizie speciali portano sulle maniche un alamaro in lana nera delle dimensioni di mm. 100 x 20 posto orizzontalmente a metà circa delle manopole e filettato di panno del colore relativo alla Milizia Speciale.

Distintivi di grado: in gallone di raion rosso (v. tav. 20).

3) Pantalone di panno g. v. con bande di lana nera di mm. 17.

Gli appartenenti alle Milizie Speciali ed alla Milizia Confinaria portano le bande nere laterali doppie ciascuna di mm. 17 con una filettatura di panno del colore della Milizia speciale e della Specialità.

Si indossa:

- in servizio presso comandi, uffici, stabilimenti;
- a diporto;
- in tutte quelle circostanze per le quali non sia prescritta altra uniforme.

17) UNIFORME DA GUERRA

L'uniforme da guerra è uguale a quella ordinaria del tempo di pace salvo le seguenti varianti:
- Elmetto metallico g. v. con fregio verniciato in nero o berretto da campo o berretto a fez (per gli appartenenti ai battaglioni d'assalto) o cappello alpino. (Milizia Forestale e Milizia Confinaria).
- Giubba g. v. con nastrini di decorazioni, mostreggiature e distintivi di grado di dimensioni ridotte (come per i sottufficiali). Bottoni di frutto lisci con gambo.
- Pantaloni corti di panno g. v. senza bande.
- Cinturino con giberne, moschetto mod. 91 e pugnale. Bandoliera con pistola e moschetto mod. 91 per le Milizie Speciali, conduttori d'automezzi e palafrenieri. Bandoliera g. v. con moschetto mod. 91 per T. S. e sciabola baionetta per la Milizia Artiglieria Contraerei e per la Milizia Artiglieria Marittima.
- Fasce gambiere g. v. e scarpe di cuoio color naturale.

Si indossa:
Durante il tempo di guerra nei reparti mobilitati.

18) GRANDE UNIFORME PER IL TEMPO DI GUERRA

È la stessa uniforme ordinaria con decorazioni. Nei servizi armati: uniforme da marcia con decorazioni. Elmetto nero (elmetto g. v. per i reparti mobilitati con il R. E.).

Si indossa:
- nelle solennità militari e nazionali;
- nelle parate, guardie, picchetti, rappresentanze e scorte d'onore;
- comparendo dinanzi ad un Tribunale Militare;
- nelle funzioni funebri quando sia prescritta la scorta d'onore armata.
- nelle funzioni del giuramento e della benedizione del labaro.

19) UNIFORME DA MARCIA G. V.

È la stessa uniforme ordinaria g. v. con cinturino, giberne, moschetto mod. 91 e pugnale da guerra. Bandoliera con pistola per le Milizie speciali, conduttori d'automezzi e palafrenieri. Bandoliera g. v. con moschetto mod. 91 per T. S. e sciabola baionetta per la Milizia Artiglieria Contraerei e la Milizia Artiglieria Marittima.

Copricapo normale oppure elmetto metallico nero nei servizi armati.

Si indossa:
- nelle esercitazioni tattiche, campi, manovre;
- nei servizi di guardia e ordine pubblico.

20) UNIFORME DEGLI APPARTENENTI AI REPARTI DA SBARCO DELLA MILIZIA ARTIGLIERIA MARITTIMA

Gli appartenenti ai reparti da sbarco indossano l'uniforme normale della Milizia Artiglieria Marittima con le seguenti varianti:

1) Berretto basco grigio-verde, con fregio della specialità ricamato in nero da portarsi con l'uniforme da marcia.

2) Distintivo del Reggimento "San Marco" conforme al modello della tavola 22 da portare sulla manica sinistra della giubba al disopra del gomito per gli Ufficiali e sulle manopole della giubba per i sottufficiali graduati e CC. NN. È confezionato su panno rosso e ricamato in oro per gli Ufficiali ed in raion giallo per i sottufficiali graduati e CC. NN.

21) UNIFORME DEGLI APPARTENENTI ALLE COORTI TERRITORIALI.

Gli appartenenti alle Coorti Territoriali cc. nn. indossano l'uniforme analoga a quella degli appartenenti alla Milizia ordinaria con le seguenti varianti:

1) Il fregio sul berretto consiste in un fascio littorio sormontato da una stella a cinque punte con al centro un disco contenente una croce, sovrapposto il tutto su due fucili incrociati (vedi tav. 14). Nei fregi il fondo del disco è di panno scarlatto per gli appartenenti alle coorti territoriali cc. nn. e di panno giallo arancione per gli appartenenti alle coorti territoriali mobili cc. nn. È ricamato in nero nel berretto da campo g. v. per la truppa, (in raion bianco per i sottufficiali e in raion giallo per gli Ufficiali).

2) Le fiamme nere sono bordate, (per mm. 2) alla base e lungo l'altezza di panno scarlatto per gli appartenenti alle coorti territoriali cc. nn. e di panno giallo arancione per gli appartenenti alle coorti territoriali mobili cc.nn.

22) UNIFORME DEGLI APPARTENENTI ALLE BANDE DI ZONA E DI SPECIALITÀ

Gli appartenenti alle bande di zona o di specialità portano:
1) con l'uniforme ordinaria, il berretto g. v.;
2) con la grande uniforme, il berretto a fez rigido;
3) con l'uniforme da marcia, il berretto da campo grigio verde.
4) nei servizi in cui è richiesto, l'elmetto metallico nero.

Al centro della metà superiore di ciascuna manica portano come distintivo la lira, di metallo bianco per la truppa, di metallo argentato per i sottufficiali e di metallo dorato per gli Ufficiali maestri di banda.

Sul tondino del fregio del copricapo gli appartenenti alle fanfare legionali portano il numero della Legione; quelli appartenenti alle bande di Zona o di Specialità portano invece una crocetta di metallo.

23) SOPRABITI PER GRADUATI E CC. NN.

1) Cappotto g. v.
- È di panno g. v. ampio ad un solo petto, lungo fino al ginocchio e chiuso con bottoniera interna a 4 bottoni.
- È munito di due tasche a taglio orizzontale dell'apertura di cm. 18 (con copritasca di chiusura) e di due tasche superiori a taglio verticale.
- Il bavero ampio, rovesciato, a punte diritte è chiudibile con un gancetto. La parte posteriore del cappotto è di un sol pezzo a taglio diritto con martingala all'altezza della vita.
- Le maniche terminano con una manopola a risvolto alta cm. 12. Sulle spalle sono applicate le controspalline in panno g. v., cucite alla base e chiuse verso il colletto da un bottone piccolo di metallo bianco.
- Il cappotto si porta sempre indossato e completamente abbottonato.
- Sul cappotto si applicano i distintivi di grado come per la giubba, le fiamme nere e i fascetti sul bavero.
- Sul Cappotto si porta il cinturino di cuoio g. v. con pugnale.

2) Cappotto per conduttori di automezzi.

È di panno g. v. ad un solo petto di lunghezza tale da giungere a circa 10 cm. dal ginocchio, chiuso sul davanti con bottoniera interna a quattro bottoni.

Deve essere ampio, di foggia a campana, senza martingala nella parte posteriore.

Gli altri particolari di confezione sono analoghi a quelli del cappotto g. v. precedentemente descritto.

3) Impermeabile.

È di prescrizione soltanto per i graduati e cc. nn. delle Milizie Ferroviaria, Portuaria e Stradale.

È di stoffa bleu scuro del tipo aeronautica per le Milizie Portuaria e Stradale.

È di stoffa g. v. di foggia uguale a quella dei sottufficiali per la Milizia Ferroviaria.

L'impermeabile si usa solo in caso di pioggia e si porta sempre completamente abbottonato. È munito di fascetti al bavero e non porta distintivi di grado.

4) Giubbone di pelle.

È portato dai graduati e cc. nn. della Milizia della Strada e dai conduttori di automezzi.
È di pelle nera simile a quello degli Ufficiali. Sul bavero porta i fascetti e i distintivi di grado.

Note:
a) Al personale graduati e camicie nere è distribuita una tenuta di tela g. v. quale uniforme da fatica da indossare nei servizi interni, nel governo dei quadrupedi, nelle istruzioni secondarie.
b) Ai meccanici e conduttori di automezzi viene distribuita una tuta di tela bleu scuro da indossare nei lavori di officina.
c) Gli appartenenti al reparto palafrenieri portano scarpe e gambali tipo cavalleria con speroni; giubba, pantaloni g. v. corti e pastrano tipo cavalleria. In servizio portano il berretto da campo. Fuori servizio il berretto di panno g. v. Con la grande uniforme il berretto a fez rigido.
d) I conduttori di automezzi portano:
- con l'uniforme ordinaria *in servizio e fuori servizio*: il berretto di panno g. v.
- con la grande uniforme *fuori servizio*: il berretto a fez rigido.
- con la grande uniforme *in servizio*: il berretto di panno g.v.
- con l'uniforme da marcia *in servizio e fuori servizio*: il berretto da campo.
Portano inoltre il pastrano corto speciale (vedi soprabiti) e gambali.
e) Per i Capi tamburo e tamburini sono adottate la mazza, la tracolla e i bracciali di cui alle figure delle tavole 9 e 10.
f) Ai motociclisti è consentito, in servizio, l'uso del casco di cuoio nero (vedi tav. 11) con fregio di metallo bianco e del giubbone di pelle nera.
g) È consentito l'uso del maglione nero o della camicia nera di flanella ai ciclisti, ai motociclisti, ai palafrenieri e agli appartenenti alla Milizia Confinaria.
h) I palafrenieri, motociclisti e automobilisti, portano sul braccio sinistro al centro della metà superiore esterna della manica e al disopra dei distintivi grado, lo speciale distintivo di cui alla tav. 22 ricamato su panno g. v. in filato nero per i graduati e cc. nn. e in argento per i sottufficiali.

CAPO IV
DISPOSIZIONI DI CARATTERE GENERALE.

(24) **TABELLA DELLE FILETTATURE** che distinguono l'uniforme degli Ufficiali della Milizia ordinaria, Specialità e Milizie Speciali.

	stoffa	alle manopole dell'uniforme g. v. mm. 2 (a)	alle fiamme di tutte le uniformi e del cappotto, mm. 1 (a)	alle bande (centrale) mm. 2
I° Caporale d'Onore e Caporali d'Onore	panno	nero	—	rosso (c)
Ufficiali Generali in s.p.e. e ruolo speciale	»	nero	—	oro
Ufficiali Generali della Riserva	»	—	—	oro
Milizia ordinaria	»	nero	—	g. v.
Milizia Confinaria	»	verde	verde	verde
Milizia Ferroviaria	»	cremisi	cremisi	cremisi
Milizia Postelegrafica	»	»	»	»
Milizia Portuaria	»	rosso scarlatto	rosso scarlatto	rosso scarlatto
Milizia Forestale	»	verde	verde	verde
Milizia Stradale	»	azzurro	azzurro	azzurro
Milizia Artiglieria Contraerei	»	giallo	giallo	giallo
Milizia Artiglieria Marittima	»	»	»	»
Ruolo Sanitario	velluto	amaranto	amaranto	amaranto
Ruolo Amministrativo	»	turchino	turchino	turchino
Ufficiali superiori ed inferiori della riserva	secondo il ruolo o specialità da cui proviene l'Ufficiale.	—	secondo il ruolo o specialità da cui proviene l'Ufficiale.	secondo il ruolo o specialità da cui proviene l'Ufficiale.

a) I comandanti di Specialità, o Milizia Speciale e quelli del servizio sanitario e del ruolo di amministrazione, portano la filettatura del colore prescritto per i rispettivi ruoli e specialità.
b) I sottufficiali – graduati e cc. nn. delle Milizie Speciali portano una filettatura di mm. 1 anche agli alamari neri delle maniche e alle bande.
c) Le bande del I° Caporale d'Onore e dei Caporali d'Onore sono bordate esternamente di panno rosso (mm. 2).

25) TABELLA RIEPILOGATIVA DEI DISTINTIVI DI GRADO E LORO DIMENSIONI[5].

a) **Distintivi per berretto di parata e cappello alpino** (vedi tav. 12).

1) *Primo Caporale d'Onore*: gallone ad angolo di seta rossa alto mm. I7 con sovrapposto un galloncino di seta rossa alto mm. 5 ad una distanza di mm. 3. Aquila ricamata in oro filettata in rosso nell'angolo formato dal gallone sormontata da quattro fasci littori piccoli.

2) *Caporale d'Onore*: simile al precedente. Nell'angolo del gallone è ricamato in oro un fascio littorio filettato in rosso con la scure volta indietro.

3) *Comandante Generale*: greca littoria tagliata a losanga ricamata in oro delle dimensioni di mm. 84 x 32, sormontata da tre galloncini ricamati in oro alti mm. 4 e distanti fra loro mm. 2. Tutto il distintivo è filettato in robbio.

4) *Luogotenente Generale*: come il precedente con due soli galloncini. Il Luogotenente Generale Capo di S. M. porta sopra i due galloncini la Corona Reale con scettro ricamato in oro su panno rosso. Per i Luogotenenti Generali che abbiano ricoperto la carica di Capo di S. M. tale distintivo è su panno g. v.

5) *Console Generale*: come il precedente con un solo galloncino.

6) *Console*: gallone di nastro dorato, ad angolo, alto mm. I7 e tre galloncini sottostanti di mm. 3 distanti fra loro mm. 2,5.

7) *Primo Seniore*: gallone di nastro dorato, ad angolo, alto mm. 17 e due galloncini sottostanti alti mm. 5 e distanziati di mm. 3.

8) *Seniore*: gallone come il precedente con un solo galloncino sottostante.

9) *Centurione*: tre galloni dorati, ad angolo, alti mm. 8 e distanziati di mm. 3.

10) *Capo Manipolo*: due galloni come i precedenti alti mm. 10.

11) *Sottocapomanipolo*: un gallone dorato, ad angolo, alto mm. 10.

I2) *Aiutante*: un gallone di nastro argentato, ad angolo, alto mm. 16 con la parte centrale striata di seta nera per un'altezza di mm. 12.

I distintivi di cui sopra sono portati sulla parte sinistra del berretto da parata o cappello alpino. I galloni ad angolo portano il vertice in alto.

b) **Distintivi per berretto da campo** (vedi tav. 13).

I distintivi per berretto da campo sono costituiti per il 1° Caporale d'onore, per i Caporali d'onore e per gli Ufficiali Generali dagli stessi distintivi descritti alla lettera a) ma di dimensioni ridotte (mm. 50 x 40).
Per gli altri Ufficiali sono costituiti da una losanga di mm. 50 x 30 di panno g. v. portante al centro una o più stellette a seconda del grado (vedi tavola 13).

Per gli Ufficiali Superiori la losanga è contornata da un bordino di mm. 3.

I distintivi per berretto da campo sono ricamati in raion giallo e sono portati diagonalmente sulla parte sinistra del berretto stesso (vedi tav. 11).

c) **Distintivi per berretto g. v.**

1) *1° Caporale d'Onore*: cordonatura in castoro rosso applicata alle estremità superiore ed inferiore della fascia nera; sottogola in trecciola di castoro rosso.

2) *Caporale d'Onore*: cordonatura in seta nera applicata alle estremità superiore ed inferiore della fascia nera. Sottogola formato da doppio cordoncino d'oro del diametro di mm. 4, con passanti a nodo scorrevole.

---

5 I distintivi di grado sono su panno dello stesso colore della parte di vestiario sulla quale vengono applicati, ad eccezione di quelli del 1° Caporale d'onore e dei Caporali d'onore che sono sempre su panno nero.

3) *Ufficiali Generali:* greca littoria alta mm. 33 ricamata in oro su panno g. v. sormontata da uno o più galloncini in oro alti mm. 4 a seconda dei gradi; tra la greca ed il galloncino e tra l'uno e l'altro dei galloncini uno spazio di mm. 2.

4) *Per tutti gli altri Ufficiali:* uguali a quelli prescritti per i corrispondenti gradi del R. Esercito.

5) *Aiutante:* un gallone argentato alto mm. 16 con la parte centrale striata di seta nera per un'altezza di mm. 12.

I distintivi di cui alla lettera c) sono portati intorno alla fascia del berretto.

d) Distintivi per maniche della giubba g. v. dell'uniforme ordinaria e del cappotto. (vedi tav. 17, 18 e 20).

1) *Primo Caporale d'onore:* gallone di seta rossa messo ad angolo col vertice in alto, largo mm. 17 sormontato da un galloncino pure in seta rossa largo mm. 5 e distante dal primo mm. 3. Nell'interno dell'angolo è ricamata in oro un'aquila filettata in rosso. I lati dell'angolo sono di cm. 12 e la base dell'intero distintivo è di cm. 13,5.

È applicato sulla manica sinistra al centro della metà superiore della manica stessa.

2) *Caporale d'onore:* come il precedente; al posto dell'aquila porta un fascio littorio ricamato in oro.

3) *Comandante Generale:* greca littoria delle dimensioni di mm. 80 x 35 sormontata da tre galloncini di mm. 7 in oro opaco e distanziati fra loro di mm. 2. Il galloncino superiore ha un occhiello a losanga col lato di mm. 32. È applicato sulla parte esterna delle maniche 5 mm. sopra il paramano.

4) *Luogotenente Generale:* come il precedente con due galloncini di mm. 7.

Il Capo di Stato Maggiore porta una corona reale con scettro su panno rosso al disotto del distintivo di grado sulla parte superiore del paramano.

Tale distintivo è su panno g. v. per i Luogotenenti Generali che abbiano ricoperto la carica di Capo di S. M.

5) *Console Generale:* come il precedente con un solo galloncino.

Gli Ufficiali Generali del ruolo speciale portano il fondo rosso nell'occhiello a losanga.

6) *Console:* gallone di nastro dorato alto mm. 20 e lungo mm. 80 sormontato da tre galloncini di mm. 10. Il galloncino superiore ha un occhiello a losanga di mm. 32 di lato. È applicato sulla parte esterna delle due maniche 5 mm. sopra il paramano.

7) *Primo Seniore:* come per il Console ma con due galloncini, l'ultimo dei quali con l'occhiello a losanga di mm. 32 di lato. La lunghezza è di mm. 80.

8) *Seniore:* come il precedente con un solo galloncino.

9) *Centurione:* tre galloncini dorati di mm. 10, l'ultimo con occhiello a losanga di mm. 32 di lato.

10) *Capo Manipolo:* come il precedente ma con due galloncini.

11) *Sottocapomanipolo:* un galloncino con occhiello a losanga di mm. 32 di lato.

12) *Primi Capi Squadra e Brigadieri:* gallone in tessuto argentato alto mm. 17 ad angolo con il vertice in basso sottosegnato da due galloncini alti mm. 6 dello stesso tessuto. Sono applicati in modo che il vertice dell'angolo sia situato al centro della parte superiore esterna della manica.

L'apertura dell'angolo è di 90° e la lunghezza dei lati esterni è di mm. 60.

13) *Capi Squadra e Vice Brigadieri:* come il precedente ma con un solo galloncino.

14) *Vice Capi Squadra:* come quello dei Primi Capi Squadra ma in lana rossa.

15) *Camicie Nere Scelte:* come quello dei Capi Squadra ma in lana rossa.

26) DISTINTIVI PER I LUOGOTENENTI GENERALI DEL RUOLO SPECIALE

I Luogotenenti Generali del Ruolo Speciale portano il fondo di panno rosso nell'interno della losanga dei gradi delle maniche ed una barretta rossa della lunghezza di mm. 50 e della larghezza di mm. 8 applicata sulle controspalline (vedi tav. 16).

27) USO DELL'ABITO CIVILE

Possono vestire l'abito civile:

a) Gli Ufficiali Generali nelle ore pomeridiane di qualsiasi giorno, eccetto che si trovino a campi o manovre, oppure che nelle ore sopradette facciano o ricevano visite di dovere, ricevano Ufficiali riuniti per servizio, si presentino a reparti o visitino locali occupati da legionari, oppure prendano parte a cerimonie alle quali sono invitati in considerazione del grado e della carica che rivestono.

b) Gli Ufficiali del ruolo sanitario, fuori servizio nelle ore pomeridiane.

c) Gli Ufficiali in licenza, in aspettativa, in missione all'estero.

d) Gli Aiutanti e Primi Capi Squadra durante la licenza; i Capi Squadra durante la licenza in località diversa dalla residenza di servizio.

e) I sottufficiali, graduati e cc. nn. nei viaggi che compiono per recarsi in licenza, purchè ne abbiano autorizzazione scritta dal Comandante del Corpo annotata nei documenti di viaggio.

f) I maestri direttori di banda e i maestri di scherma fuori servizio.

g) Ufficiali invalidi o mutilati quando l'infermità non consenta loro l'uso normale dell'uniforme.

28) USO OBBLIGATORIO DELL'ABITO CIVILE

Debbono vestire l'abito civile:

a) Gli Ufficiali e i legionari di ogni grado all'estero (salvo nei casi di presentazioni, o invito a solennità ufficiali, nei quali l'osservanza delle norme del luogo comporti l'uso dell'uniforme, previa autorizzazione scritta dell'Autorità diplomatica o Consolare residente sul posto o più vicina ad esso).

b) Gli Ufficiali e i legionari di ogni grado sospesi, durante il periodo di tempo in cui permangono nella suddetta posizione, (salvo i casi in cui essi debbano avere rapporti con le autorità della M.V.S.N. e di altre Forze armate per ragioni di servizio).

c) I direttori di banda e musicanti effettivi, quando si recano a dirigere o suonare per proprio conto, previa autorizzazione del comandante del corpo, in luogo di pubblico spettacolo.

29) USO DELL'UNIFORME DA PARTE DEGLI UFFICIALI NEI QUADRI E DEI SOTTUFFICIALI CAMICIE NERE NEI RUOLI

Gli Ufficiali nei quadri e sottufficiali, graduati e camicie nere dei ruoli vestono l'uniforme solamente quando sono comandati di servizio.

Gli Ufficiali nei quadri possono indossare l'uniforme anche nelle seguenti ricorrenze:

8 Gennaio - Genetliaco di S.M. la Regina Imperatrice.
1 Febbraio - Fondazione della Milizia.
23 Marzo - Fondazione dei Fasci di Combattimento.
21 Aprile - Natale di Roma.
Prima domenica di giugno - Festa dello Statuto.
15 Settembre - Genetliaco di S.A.R. il Principe Ereditario.
28 Ottobre - Marcia su Roma.
4 Novembre - Celebrazione della Vittoria.
11 Novembre – Genetliaco di S.M. il RE IMPERATORE.

Ad eccezione degli appartenenti al Gran Consiglio, al Governo e al Direttorio Nazionale del P.N.F. l'uso dell'uniforme da parte degli Ufficiali Generali non in s.p.e. all'infuori delle circostanze precedentemente previste non è consentito senza l'autorizzazione del Comando Generale.

Gli Ufficiali, sottufficiali, graduati e camicie nere che desiderino indossare l'uniforme in occasione di matrimoni, commemorazioni, ecc., debbono chiederne l'autorizzazione al comando cui sono in forza.

Comunque l'uniforme non può mai essere indossata che in luoghi ed occasioni dove essa non possa essere che oggetto di decoro e di rispetto.

È vietata di vestirla nell'esercizio della propria professione qualunque essa sia.

30) USO DELL'UNIFORME DA PARTE DEGLI UFFICIALI DELLA RISERVA

Gli Ufficiali della riserva sono autorizzati a vestire l'uniforme solamente:

a) quando siano eventualmente comandati di servizio;

b) nelle ricorrenze citate per gli Ufficiali nei quadri. L'uso dell'uniforme da parte degli Ufficiali Generali della riserva eccezione fatta per gli appartenenti al Gran Consiglio, al Governo e al Direttorio Nazionale del P.N.F., non è consentito senza l'autorizzazione del Comando Generale.

Gli Ufficiali della riserva che desiderino indossare l'uniforme in occasione di matrimoni, feste, commemorazioni, ecc., all'infuori dei casi previsti precedentemente, debbono chiederne l'autorizzazione al comando cui sono in forza.

31) UNIFORME DEGLI UFFICIALI DELLA RISERVA

Gli Ufficiali superiori, già comandanti di corpo o capi servizio, passando nella riserva cessano dal portare ricamati su panno robbio i distintivi di grado alle maniche e il fregio del copricapo.

Gli Ufficiali della riserva di qualunque grado, esclusi i Generali, portano il disco centrale del fregio del copricapo completamente ricamato in oro senza alcun contrassegno, salvo gli Ufficiali Medici e Farmacisti che mantengono la croce rossa su fondo bianco.

Gli Ufficiali Generali della riserva portano il fregio ed il distintivo di grado del copricapo ricamato in oro, senza filettatura color robbio, su panno nero per il berretto di parata, e su panno g. v. per il berretto g.v.

Gli Ufficiali della riserva di qualunque grado trasferiti in tale posizione, conservano l'uniforme ed i fregi della specialità, con le modifiche di cui sopra, ma non portano più né i distintivi speciali di carica o di servizio né quelli di Legione.

Tutti gli Ufficiali della riserva non portano la filettatura nera o del colore della specialità alle manopole della giubba g. v.

32) DECORAZIONI

- Le decorazioni ed i nastrini di decorazioni si portano sul lato sinistro del petto.

- I nastrini hanno le dimensioni di mm. 35 x 7 sull'uniforme ordinaria. Sull'uniforme da guerra tali dimensioni sono ridotte a mm. 20 x 5.

- I nastrini delle decorazioni sono lunghi da 4 a 5 cm., misurati dall'anello delle decorazioni alla ripiegatura superiore del nastro, per modo che la decorazione venga a poggiare sul nastro di quella della riga sottostante se questa esiste.

- Se i nastrini non sono amovibili, applicando le decorazioni, essi debbono risultare interamente coperti da queste.

L'ordine di precedenza delle decorazioni è il seguente:

1 - Ordine supremo della SS. Annunziata.
2 - Decorazioni dell'ordine militare di Savoia.
3 - Medaglia d'oro al Valor Militare, al Valore di Marina, al Valore Aeronautico.
4 - Medaglia d'Argento al Valor Militare, al Valore di Marina e al Valore Aeronautico.
5 - Medaglia di bronzo al Valor Militare, al Valore di Marina e al Valore Aeronautico.

6 - Croce di Guerra al Valor Militare.
7 - Decorazioni dell'Ordine dei SS. Maurizio e Lazzaro.
8 - Decorazioni dell'Ordine Civile di Savoia.
9 - Medaglia d'oro, d'argento e di bronzo al valor civile.
10 - Medaglia commemorativa dell' Indipendenza e Unità d'Italia.
11 - Decorazioni dell'Ordine della Corona d'Italia.
12 - Medaglia per i benemeriti della salute pubblica.
13 - Medaglia a ricordo della Campagna d'Africa.
14 - Croce per anzianità di servizio.
15 - Decorazioni dell'Ordine al merito del lavoro.
16 - Medaglia commemorativa della campagna dell'Estremo Oriente.
17 - Medaglia d'onore per lunga navigazione.
18 - Medaglia Militare aeronautica di lunga navigazione aerea.
19 - Medaglia commemorativa della guerra Italo-Turca 1911-12 e della Campagna di Libia.
20 - Decorazioni dell'Ordine Coloniale "Stella d'Italia".
21 - Medaglia al Merito della Sanità Pubblica.
22 - Croce al merito di guerra.
23 - Medaglia commemorativa nazionale della guerra 1915-1918.
24 - Medaglia ricordo dell'Unità d'Italia.
25 - Medaglia di benemerenza per volontari della guerra Italo-Austriaca 1915-18.
26 - Medaglia commemorativa della Marcia su Roma.
27 - Croce per anzianità di servizio nella M.V.S.N.
28 - Medaglia commemorativa della spedizione di Fiume.
29 - Medaglia commemorativa delle operazioni in A.O.I.
30 - Medaglia commemorativa delle operazioni in Spagna.
31 - Medaglia commemorativa delle operazioni in Albania.
32 - Medaglia di benemerenza per volontari A.O.I.
33 - Medaglia di benemerenza per volontari di Spagna.
34 - Stella al merito rurale.
35 - Medaglia al merito della C.R.I.

Nota: è prescritto l'uso sulle varie uniformi delle decorazioni e nastrini di decorazione albanesi; nell'ordine delle decorazioni, quelle albanesi (e i relativi nastrini) seguono le decorazioni italiane.

In servizio e in tutte le pubbliche funzioni si può fare uso della medaglia al valore atletico e della stessa al merito sportivo.

Tali decorazioni, istituite con Foglio d'ordine del Partito Nazionale Fascista n. 117 del 20 dicembre 1933-XII, sono collocate dopo le decorazioni e le medaglie delle quali si è autorizzati a fregiarsi.

Le Medaglie ed altre decorazioni estere saranno autorizzate soltanto volta per volta con precedenza a quelle al valor militare ottenute per fatti di guerra, mentre normalmente ne è vietato l'uso. L'autorizzazione può essere soprattutto motivata da speciali circostanze, quando si renda onore a persone od a fatti di una determinata nazione straniera e si riferisce unicamente a quelle decorazioni estere di cui si sia già ottenuta l'autorizzazione a fregiarsene.

Le decorazioni del Sovrano militare ordine di Malta ed il relativo nastrino vanno portati in aggiunta alle decorazioni nazionali e dopo di esse, ed hanno in ogni caso la precedenza su tutte le altre decorazioni non nazionali.

La medaglia mauriziana e le commende si portano al collo: chi ne ha più di una, porta solo quella più importante.

Chi possiede diverse onorificenze cavalleresche dello stesso ordine equestre, deve portare solamente quella del grado più elevato.

Le stelle di cavaliere si gran croce e di grande ufficiale si portano al lato sinistro del petto, un po' più in basso delle altre decorazioni.

33) DISTINTIVI D'ONORE

1) Per mutilati di guerra (del modello prescritto).

Si porta sulla giubba immediatamente sopra i nastrini in corrispondenza del primo della linea superiore.

2) Per mutilati per la rivoluzione (del modello prescritto).

Si porta nello stesso modo sopra descritto.

3) Per mutilati per causa di servizio (del modello prescritto).

Si porta nello stesso modo sopra descritto.

4) Per feriti di guerra.

Consiste in uno o più galloncini, a seconda del numero delle ferite, ricamati in filo d'oro dello spessore di mm. 5 e della lunghezza di mm. 50. È applicato con inclinazione di 15 gradi in avanti e in basso, sulla manica destra della giubba a circa 15 cm. dalla spalla.

5) Per feriti della rivoluzione.

Come pei feriti di guerra ma ricamati in filato rosso.

6) Per feriti per cause di servizio.

Come per i feriti di guerra ma ricamati in filato di argento.

7) Per orfani di guerra.

Consiste in una stella a cinque punte contornata di corona di alloro, il tutto ricamato in filo d'argento su panno dello stesso colore dell'uniforme sulla quale il distintivo viene posto. Si applica sulla manica della giubba e del cappotto sotto i distintivi di ferita per chi ne sia fregiato.

8) Per squadrista.

Consiste in un gallone di panno rosso largo mm. 14 da applicare attorno e al centro delle manopole della giubba e del pastrano e di due fascetti rossi sul bavero.

9) Di promozione per merito di guerra.

È costituito da una corona reale poggiante su due gladi romani.

È ricamato in argento se l'Ufficiale conseguì la promozione ai gradi di Ufficiali inferiore; in oro se la promozione fu conseguita ai gradi di Ufficiale superiore; in oro su panno scarlatto se la promozione fu conseguita ai gradi di Ufficiale Generale. Si porta immediatamente sopra e al centro della prima riga di decorazioni o nastrini di decorazioni.

34) DISTINTIVI DI CORPO

Si portano sulla giubba, sopra ed al centro della tasca superiore destra e cioè sul lato del petto opposto a quello dei nastrini di decorazioni (vedi tav. 21).

Dimensioni:

a) distintivi di forma circolare: diametro mm. 25.

b) distintivi di forma ovale e rettangolare grande: mm. 25 x 35;

c) distintivi di forma rettangolare piccola: mm. 35 x 12;

d) distintivi di forma romboidale: mm. 35 x 35.

Analogamente vengono portati i distintivi della squadra ippica e dei reparti cc. nn. da sbarco (vedi tav. 22).

35) SEGNI DI LUTTO

È permesso al legionario di portare il segno di lutto purchè ne ragguagli, per via gerarchica, il comandante del corpo o capo servizio.

Consiste in una fascia di panno nero alta cm. 10 che si porta sulla giubba e sul cappotto, sulla manica sinistra, al disopra della piegatura del gomito.

36) DISTINTIVI PER UFFICIALI ADDETTI AI COMANDI O A DISPOSIZIONE DI UFFICIALI GENERALI

I Capi di Stato Maggiore dei comandi di Zona e delle Specialità o Milizie Speciali portano sul tondino del fregio del copricapo una piccola aquila metallica di mm. 15x 15 ad ali ripiegate poggiante su di un fascio littorio.

Sulle controspalline al posto del fregio portano un'aquila della stessa foggia ma di mm. 25 x 25 ricamata in oro su panno robbio.

Lo stesso distintivo, ma su panno nero, portano gli Ufficiali del Comando Generale ai quali siano attribuite, su determinazione del Capo di Stato Maggiore, funzioni di Ufficiali in servizio di Stato Maggiore. Gli Ufficiali addetti al Comando Generale, ai comandi di Zona e ai comandi di Gruppo di Legioni portano invece una crocetta di metallo dorato sul tondino del fregio del copricapo. La crocetta è sostituita dal numero legionale per gli Ufficiali dei comandi di Legione, da una stella a cinque punte per gli Ufficiali del ruolo amministrativo e dalla croce rossa per gli Ufficiali del servizio sanitario.

Gli Ufficiali a disposizione (Ufficiali d'ordinanza) degli Ufficiali Generali portano una stella a cinque punte ricamata in oro al centro della losanga dei distintivi di grado sulle manopole. Gli aiutanti di campo dei Gruppi legioni cc. nn. portano analoga stella ricamata in oro bordata di panno rosso (mm. 2) al centro della parte superiore esterna di ciascuna manica.

37) USO DEL ROBBIO

I Consoli e Primi Seniori della Milizia ordinaria, Specialità e delle Milizie Speciali, che sono comandanti titolari di corpo o capi servizio in seguito a determinazione del Comando Generale della Milizia, portano i fregi del copricapo ed i distintivi di grado su panno di color robbio.

38) USO DEGLI SPERONI

Gli speroni vengono portati dal ·1° Caporale d'Onore, dai Caporali d'Onore, dagli Ufficiali Generali e Superiori nonché dagli Ufficiali medici e veterinari, dagli Ufficiali a disposizione di Ufficiali Generali e dagli Aiutanti Maggiori in 1ª.

Vengono inoltre portati dagli appartenenti alle Specialità e Milizie speciali per quanto consentito dalle norme in vigore nelle Specialità e Milizie speciali stesse.

39) USO DEL FRUSTINO

L'uso del frustino è consentito agli Ufficiali che praticano l'equitazione, durante le ore ad essa dedicate.

TAVOLE

Tav. 1. 1.

Uniforme ordinaria g. v.

Tav. 2.

Uniforme da guerra per Ufficiale

Tav. 3.

Uniforme da guerra con giubba
sahariana per Ufficiale

Tav. 4.

Cappotto g. v. per Ufficiale

Tav. 5.

Uniforme ordinaria g. v. dei sottufficiali

Tav. 6.

Uniforme da guerra delle camicie nere

Tav. 7.

Cappotto g. v. dell'Aiutante

Tav. 8.

Cappotto di panno g. v. per camicie nere

Tav. 9.

Uniforme ordinaria g. v. del Capo Tamburo

Uniforme ordinaria g. v. del tamburino

Copricapo

Tav. 11

Berretto da parata

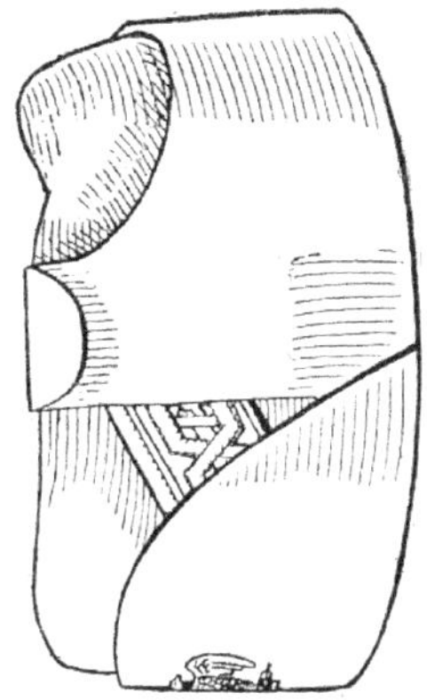

Berretto da campo

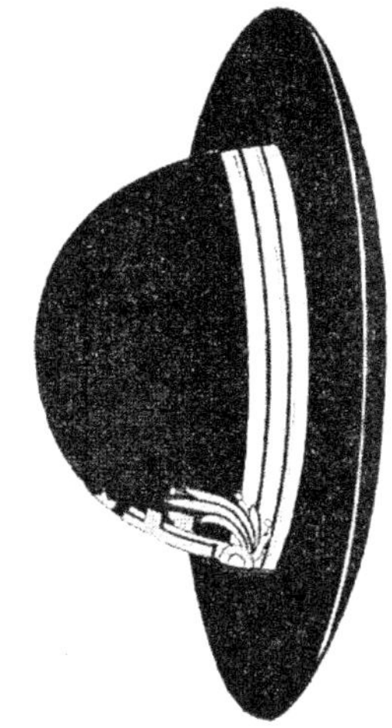

Copricapo per Cappellano

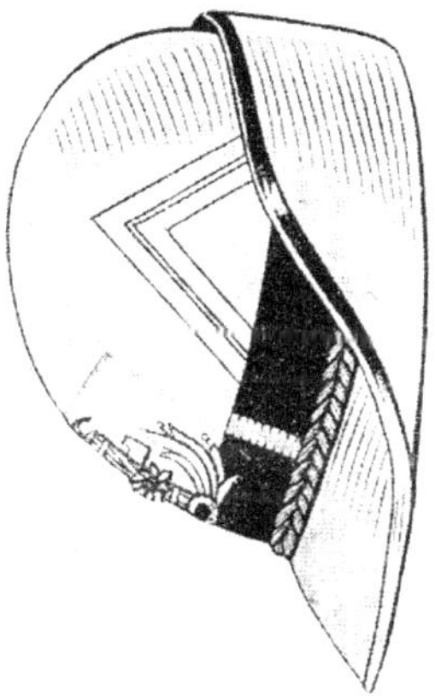

Cappello Alpino

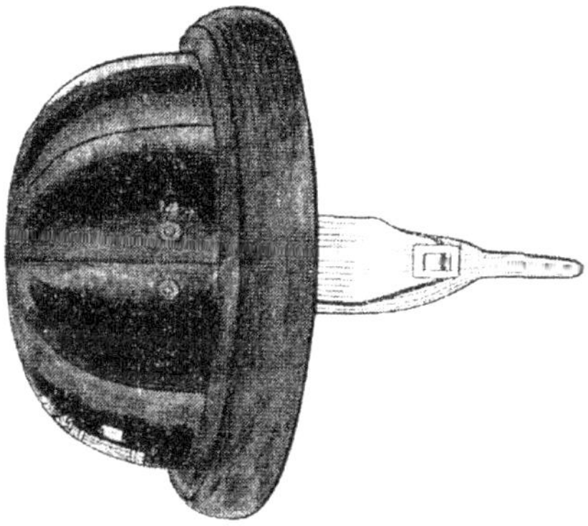

Casco di cuoio

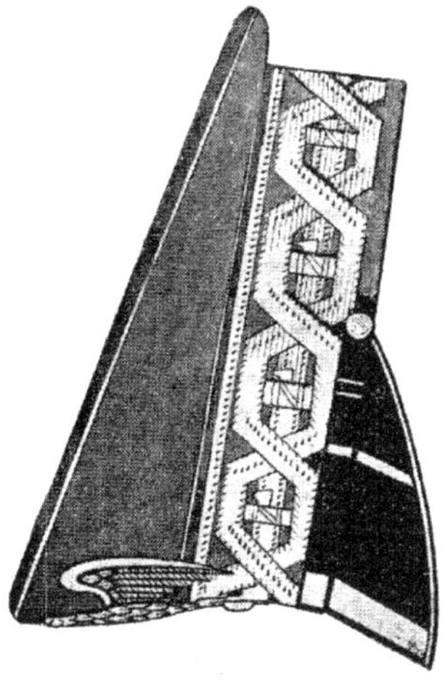

Berretto rigido g. v

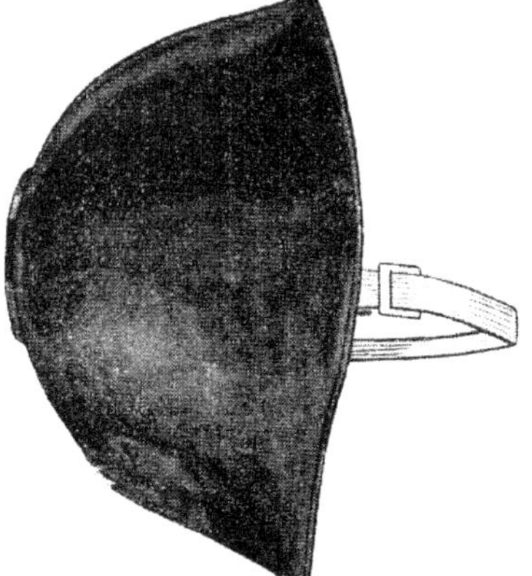

Elmetto metallico

Distintivi di grado per berretto da parata e cappello alpino

Primo Caporale d'Onore

Caporale d'Onore

Comandante Generale

Capo di Stato Maggiore

Nappina della Milizia Forestale

Luogotenente Generale

Console Generale

Console

Primo Seniore

Nappina della Milizia Confinaria

Seniore

Centurione

Capo Manipolo

Sotto Capo Manipolo

Tav. 12

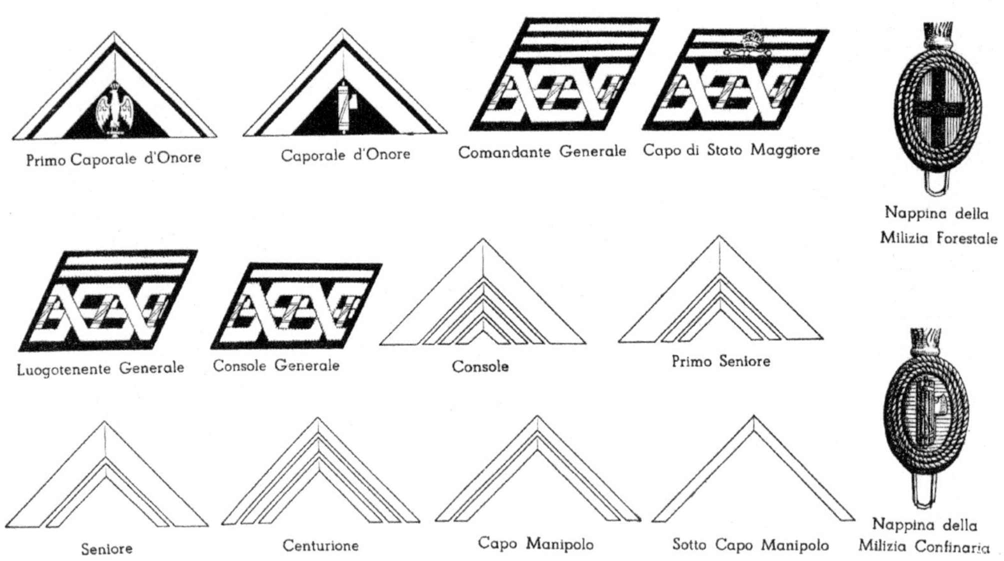

Distintivi di grado per berretto da campo

Primo Caporale d'Onore

Caporale d'Onore

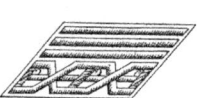
Comandante Generale

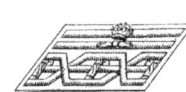
Capo di Stato Maggiore

Luogotenente Generale

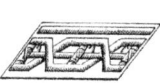
Console Generale

Console

Primo Seniore

Seniore

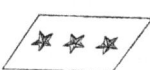
Centurione

Capo Manipolo

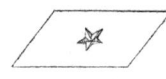
Sotto Capo Manipolo

Tav. 13

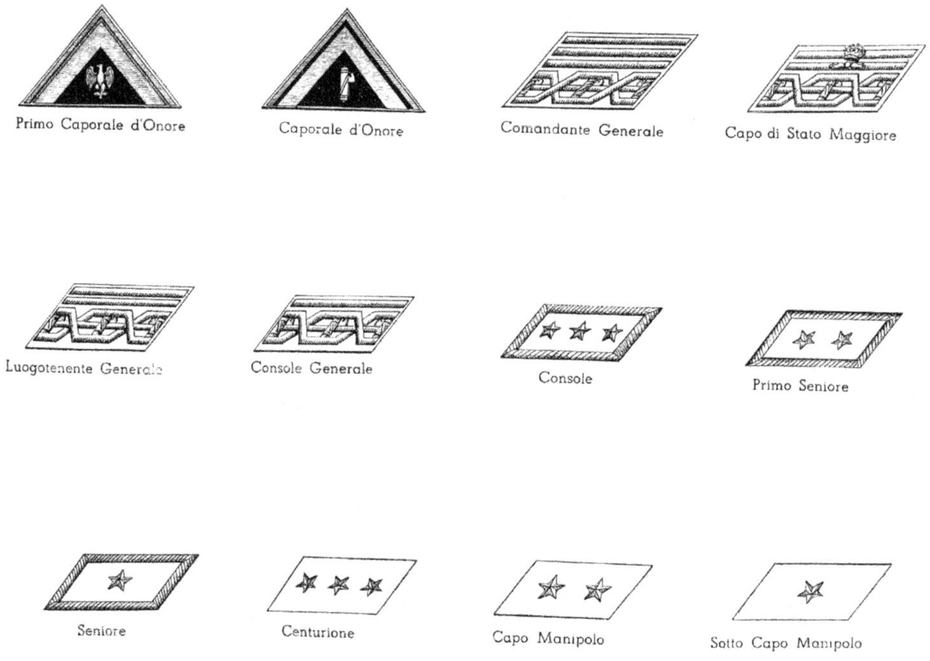

(1) Gli Ufficiali Generali della Milizia dell'Africa O.I. e della Libia portano l'aquila sormontata dalla corona reale

Primo Caporale d'Onore

Caporali d'Onore e Ufficiali Generali (1)

Milizia Ordinaria

Milizia Confinaria

Coorti Territoriali

Milizia Art. Controaerei

Milizia Art. Marittima

Milizia Ferroviaria

Milizia Portuaria

Tav. 14

Fregi

Milizia Postelegrafica

Milizia Forestale

Milizia della Strada

Milizia dell'A.O.I.

Milizia della Libia

Ruolo d'Amministrazione

Ruolo Sanitario

Cappellani

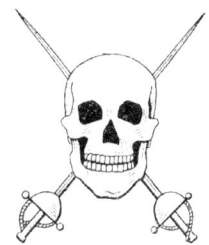
Moschettieri del Duce

Tav. 15

Fregi

Tav. 16

Controspalline per uniformi g. v.

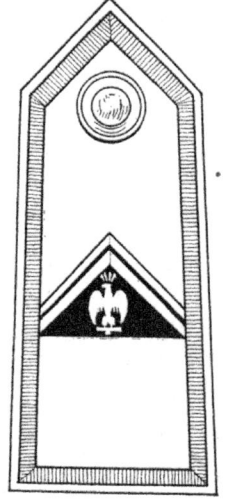
1° Caporale d'Onore

Caporali d'Onore

Ufficiali Generali
Ruolo Speciale

Ufficiali Generali

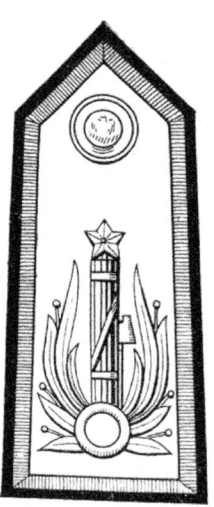
Ufficiali Superiori

Ufficiali Inferiori

Primo Caporale d'Onore

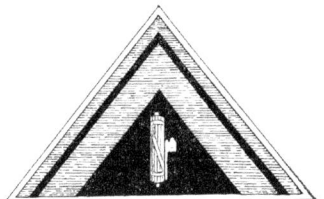
Caporale d'Onore

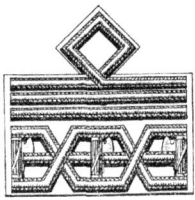

Comandante Generale

**Distintivi di grado
per Caporali d'Onore e Ufficiali Generali**

Capo di Stato Maggiore

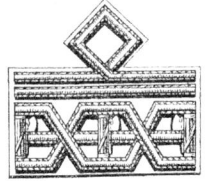
Luogotenente Generale

Console Generale

Tav. 17

Console

Primo Seniore

Seniore

**Distintivi di grado
per ufficiali superiori ed inferiori**

Centurione

Capo Manipolo

Sotto Capo Manipolo

Tav. 18

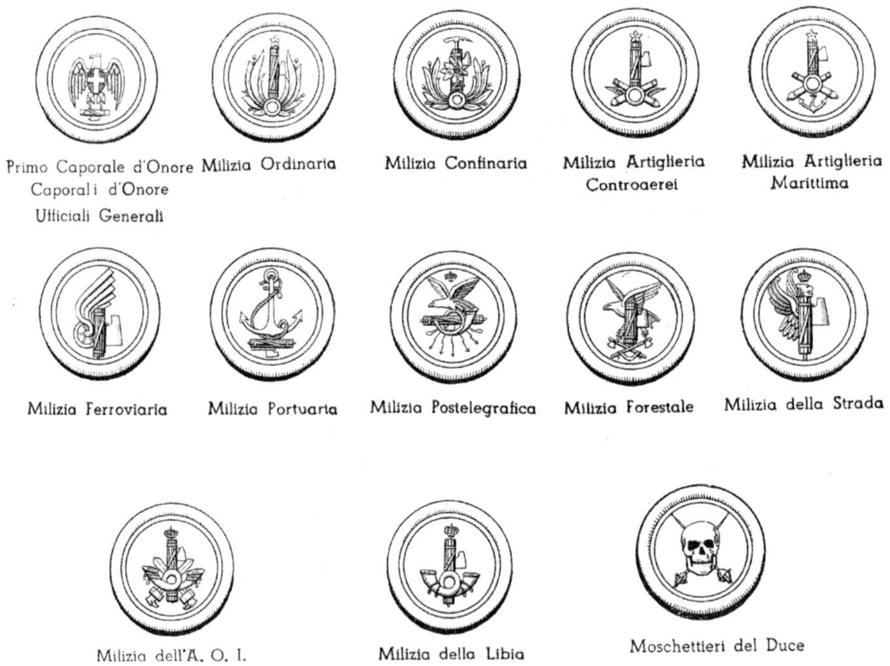

Primo Caporale d'Onore Milizia Ordinaria Milizia Confinaria Milizia Artiglieria Controaerei Milizia Artiglieria Marittima
Caporali d'Onore
Ufficiali Generali

Milizia Ferroviaria Milizia Portuaria Milizia Postelegrafica Milizia Forestale Milizia della Strada

Milizia dell'A. O. I. Milizia della Libia Moschettieri del Duce

Bottoni

Tav. 19

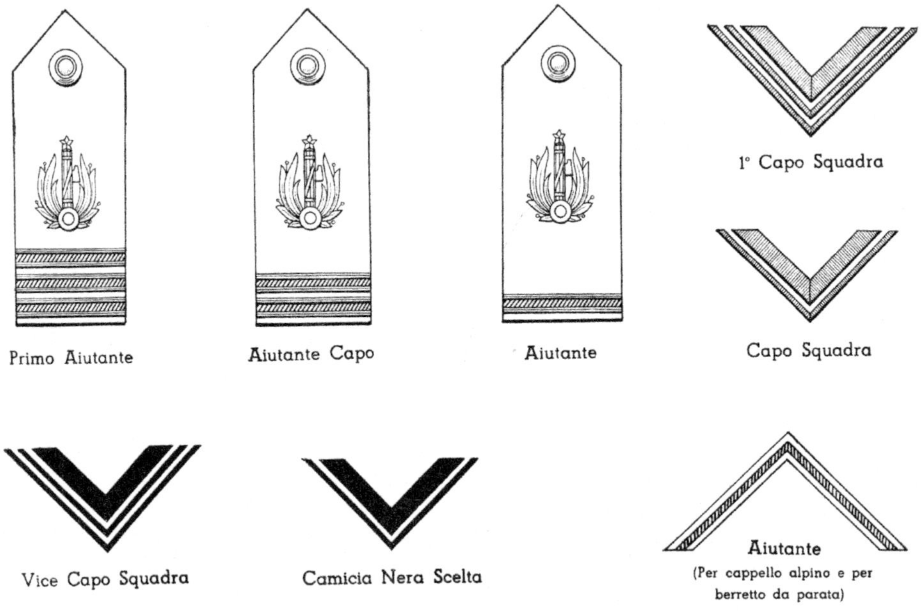

1° Capo Squadra

Capo Squadra

Primo Aiutante Aiutante Capo Aiutante

  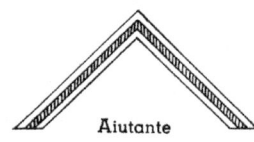

Vice Capo Squadra Camicia Nera Scelta Aiutante
(Per cappello alpino e per berretto da parata)

Distintivi di grado per sottufficiali e graduati

Tav. 20

Distintivi di corpo

Milizia Confinaria

112ª Legione

49ª Legione

121ª Legione

58ª Legione

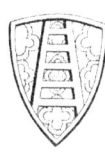
40ª Legione

92ª Legione

1ª Legione

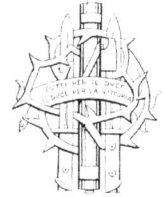
Leg. Romana Mutilati

82ª Legione

133ª Legione

Legione Egea

Miliz. Fascista Albanese

Milizia Universitaria

61ª Legione

107ª Legione

Tav. 21

Distintivi vari

Automobilisti

Squadra Ippica

Reparti da sbarco della Milizia Artiglieria Marittima

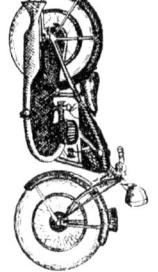
Motociclisti

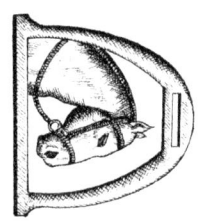
Palafrenieri

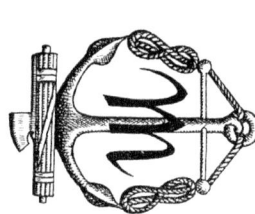
Reparti CC. NN. da sbarco

Tav. 22

INDICE GENERALE

Prefazione .... Pag. 5

REGOLAMENTO 1923
Istruzioni per la divisa degli Ufficiali e Truppa e Regolamento sulla
Uniforme .... Pag. 7

REGOLAMENTO 1931
Regolamento sull'Uniforme e Istruzione sulla divisa della
M.V.S.N. .... Pag. 13

REGOLAMENTO 1935
Regolamento sull'Uniforme
Volume I Ufficiali .... Pag. 47

REGOLAMENTO 1938
Uniforme degli Ufficiali .... Pag. 87

REGOLAMENTO 1941
Istruzione sull'Uniforme della M.V.S.N. .... Pag. 115

BOOKS TO COLLECT

Printed in Great Britain
by Amazon